2. AUFLAGE

Java
kurz & gut

Robert Liguori & Patricia Liguori
Deutsche Übersetzung von Lars Schulten

O'REILLY®
Beijing · Cambridge · Farnham · Köln · Sebastopol · Taipei · Tokyo

Kommentare und Fragen können Sie gerne an uns richten:
O'Reilly Verlag
Balthasarstr. 81
50670 Köln
E-Mail: kommentar@oreilly.de

Copyright:
© 2014 O'Reilly Verlag GmbH & Co. KG
1. Auflage 2008
2. Auflage 2014

Die Originalausgabe erschien 2014 unter dem Titel *Java 8 Pocket Guide* bei O'Reilly Media, Inc.

Bibliografische Information Der Deutschen Bibliothek
Die Deutsche Bibliothek verzeichnet diese Publikation in der Deutschen Nationalbibliografie; detaillierte bibliografische Daten sind im Internet über *http://dnb.de* abrufbar.

Übersetzung und deutsche Bearbeitung: Lars Schulten, Köln
Lektorat: Imke Hirschmann, Köln
Korrektorat: Sibylle Feldmann, Düsseldorf
Produktion: Andrea Miß, Köln
Umschlaggestaltung: Karen Montgomery, Boston, & Michael Oreal, Köln
Satz: Reemers Publishing Services GmbH, Krefeld; www.reemers.de,
Druck: fgb freiburger graphische betriebe; www.fgb.de

ISBN 978-3-95561-758-5

*Dieses Buch ist unserer wunderbaren, umwerfenden Tochter
Ashleigh gewidmet.*

Inhalt

Vorwort 11

Teil I Sprache

1 **Namenskonventionen** **17**
   Klassennamen 17
   Interface-Namen 17
   Methodennamen 17
   Namen von Instanzvariablen und statischen Variablen 18
   Namen von Parametern und lokalen Variablen 18
   Die Namen generischer Typparameter 19
   Namen von Konstanten 19
   Enumerationsnamen 19
   Package-Namen 19
   Annotationsnamen 20
   Akronyme 20

2 **Lexikalische Elemente** **21**
   Unicode und ASCII 21
   Kommentare 23
   Schlüsselwörter 24
   Bezeichner 25
   Trennzeichen 25
   Operatoren 26
   Literale 27
   Escape-Sequenzen 30
   Unicode-Währungssymbole 31

3	**Grundlegende Typen**	33
	Elementare Typen	33
	Literale für elementare Typen	34
	Gleitkommaeinheiten	35
	Numerische Hochstufung elementarer Typen	37
	Wrapper-Klassen	39
	Autoboxing und Unboxing	40
4	**Referenztypen**	43
	Elementare Typen und Referenztypen im Vergleich	43
	Vorgabewerte	44
	Umwandlung von Referenztypen	46
	Umwandlungen zwischen elementaren Typen und Referenztypen	47
	Referenztypen an Methoden übergeben	47
	Referenztypen vergleichen	48
	Referenztypen kopieren	51
	Speicherallozierung und die Garbage Collection von Referenztypen	53
5	**Objektorientierte Programmierung**	55
	Klassen und Objekte	55
	Argumentlisten variabler Länge	61
	Abstrakte Klassen und Methoden	63
	Statische Datenmember, statische Methoden, statische Konstanten und statische Initialisierer	64
	Interfaces	65
	Enumerationen	66
	Annotationstypen	67
	Funktionelle Interfaces	69
6	**Anweisungen und Blöcke**	71
	Ausdrucksanweisungen	71
	Die leere Anweisung	72
	Blöcke	72
	Bedingungsanweisungen	72
	Iterationsanweisungen	74
	Kontrollflussübergabe	76
	synchronized-Anweisung	78
	assert-Anweisung	78
	Exception-Handling-Anweisungen	79

7	**Exception-Handling**	**81**
	Die Exception-Hierarchie	81
	Checked-/Unchecked-Exceptions und Errors	82
	Verbreitete Checked-/Unchecked-Exceptions und Errors	83
	Exception-Handling-Schlüsselwörter	86
	Der Exception-Handling-Vorgang	90
	Eigene Exception-Klassen definieren	91
	Informationen zu Exceptions ausgeben	92
8	**Java-Modifizierer**	**95**
	Zugriffsmodifizierer	96
	Andere Modifizierer (Nicht-Zugriffsmodifizierer)	96

Teil II Plattform

9	**Java Platform, Standard Edition**	**101**
	Häufig verwendete Java SE-API-Bibliotheken	101
10	**Grundbausteine für die Java-Entwicklung**	**113**
	Java Runtime Environment	113
	Java Development Kit	113
	Struktur von Java-Programmen	114
	Kommandozeilenwerkzeuge	116
	Classpath	123
11	**Speicherverwaltung**	**125**
	Garbage Collector	125
	Speicherverwaltungswerkzeuge	127
	Kommandozeilenoptionen	128
	Die Größe des JVM-Heaps ändern	131
	Metaspace	132
	Interaktion mit der GC	132
12	**Elementare Eingabe und Ausgabe**	**135**
	Die Standard-Streams in, out und err	135
	Klassenhierarchie für die einfache Eingabe und Ausgabe	136
	Dateien lesen und schreiben	137
	Sockets lesen und schreiben	139

Serialisierung 141
Verpacken und Entpacken von Dateien 142

13 **Die New I/O-API (NIO.2)** **145**
Das Path-Interface 145
Die Klasse Files 146
Zusätzliche Funktionen 147

14 **Nebenläufigkeit** **149**
Threads erstellen 149
Thread-Zustände 150
Thread-Priorität 151
Häufig verwendete Methoden 151
Synchronisierung 153
Concurrent-Package 154

15 **Java Collections-Framework** **159**
Das Collection-Interface 159
Implementierungen 160
Methoden des Collections-Frameworks 160
Collections-Klassenalgorithmen 161
Algorithmuseffizienz 162
Das funktionelle Interface Comparator 163

16 **Generics-Framework** **167**
Generische Klassen und Interfaces 167
Konstruktoren mit Generics 168
Substitutionsprinzip 169
Typparameter, Jokerzeichen und Grenzen 170
Das Get- und Put-Prinzip 170
Generische Spezialisierung 171
Generische Methoden in rohen Typen 172

17 **Die Java Scripting-API** **175**
Skriptsprachen 175
Script-Engine-Implementierungen 175
Skriptsprachen und Scripting-Engines einrichten 177

18 **Date and Time-API** **181**
Interoperabilität mit älterem Code 182

Regionale Kalender 182
ISO-Kalender 183

19 **Lambda-Ausdrücke** **189**
Lambda-Grundlagen 189
Funktionelle Interfaces mit bestimmten Aufgaben 192
Funktionelle Interfaces allgemeiner Natur 192
Ressourcen für Lambda-Ausdrücke 194

Teil III Anhänge

Anhang 1: »Sprechende« APIs 197
Anhang 2: Externe Werkzeuge 199
Anhang 3: UML-Grundlagen 209

Index **219**

Vorwort

Diese *Taschenreferenz* soll Ihnen ein ständiger Begleiter sein und Ihnen als Kurzreferenz für die Grundeinrichtung der Programmiersprache Java sowie der Java-Plattform dienen.

Java kurz & gut liefert Ihnen die Informationen, die Sie benötigen, wenn Sie Java-Programme entwickeln oder debuggen. Das schließt nützliche Programmbeispiele, Tabellen, Abbildungen und Listen ein.

Es enthält darüber hinaus ergänzende Informationen zu beispielsweise der Java Scripting-API, zu externen Werkzeugen und zu den Grundlagen der Unified Modeling Language (UML).

Der Stoff in diesem Buch unterstützt Sie außerdem bei der Vorbereitung auf die Prüfung »Oracle Certified Associate Java SE 7 Programmer I«.

Dieses Buch behandelt Java bis Java SE 8.

Der Aufbau dieses Buchs

Dieses Buch hat die drei Teile: Sprache, Plattform und Anhänge. Die Kapitel 1 bis 8 beschreiben die Programmiersprache Java in der Form, in der sie von der Java Language Specification (JLS) formuliert wird. Die Kapitel 9 bis 19 gehen auf Bestandteile der Java-Plattform und darauf bezogene Themen ein. Die Anhänge erläutern externe Werkzeuge und die Unified Modeling Language.

Typografische Konventionen

In diesem Buch werden die folgenden typografischen Konventionen verwendet:

Kursiv

> Kennzeichnet neue Begriffe, URLs, E-Mail-Adressen, Dateinamen und Dateinamenserweiterungen.

`Nicht-Proportional-Schrift`

> Wird für Programmcode verwendet und außerdem in Textabsätzen, um Programmelemente wie Variablen oder Funktionsnamen, Datenbanken, Umgebungsvariablen, Anweisungen und Schlüsselwörter zu kennzeichnen.

`Nicht-Proportional-Schrift fett`

> Kennzeichnet Befehle oder anderen Text, den der Benutzer wörtlich eingeben muss.

`Nicht-Proportional-Schrift kursiv`

> Kennzeichnet Text, der durch vom Benutzer vorgegebene oder durch den Kontext bestimmte Werte ersetzt werden muss.

TIPP

Dieses Element kennzeichnet einen Tipp, einen Vorschlag oder eine allgemeine Anmerkung.

Autoren

Robert James Liguori ist der Leiter von Gliesian LLC (*http://www.gliesian.com*). Er ist ein Oracle Certified Expert und bietet Support für eine Reihe von Java-basierten Luftverkehrs- und Luftverkehrssicherheitsanwendungen. Patricia Liguori arbeitet als Informatikerin mit verschiedenen Aufgabenbereichen bei The MITRE Corporation (*http://www.mitre.org/*). Echtzeit-Luftverkehrssysteme und luftverkehrsbezogene Informationssysteme entwickelt sie bereits seit 1994.

Danksagungen

Unser besonderer Dank gilt unserer Lektorin Meghan Blanchette. Ihr Überblick und ihre Unterstützung war von unschätzbarem Wert für dieses Unterfangen.

Weiterer Dank geht an Michael Loukides (Fachlektor des ursprünglichen *Java Pocket Guide*), unseren technischen Gutachter Ryan Cuprak sowie an diverse Mitglieder des O'Reilly-Teams, unsere Familie und an unsere Freunde.

Außerdem möchten wie allen danken, die am ursprünglichen *Java Pocket Guide* und am *Java 7 Pocket Guide* mitgewirkt haben.

Doch am meisten möchten wir Ihnen danken – dafür, dass Sie dieses Buch als Referenz zur Hand nehmen, und dafür, dass Sie Java lieben. Wenn Sie mögen, veröffentlichen Sie ein Bild von sich mit dem Buch auf Tumblr (*http://javapocketguide.tumblr.com/*). Es wäre nett, zu sehen, wer das Buch nutzt und wo es gewesen ist (vielleicht sogar im Urlaub?).

Teil I

Sprache

KAPITEL 1

Namenskonventionen

Namenskonventionen dienen dazu, Java-Programme lesbarer zu machen. Es ist wichtig, dass man aussagekräftige und eindeutige Namen wählt, die aus Java-Buchstabenzeichen bestehen.

Klassennamen

Klassennamen sollten Nomen sein, da Klassen »Dinge« oder »Objekte« repräsentieren. Sie sollten gemischte Groß-/Kleinschreibung (CamelCase) verwenden, wobei nur der erste Buchstabe jedes Worts groß geschrieben wird, z. B.:

```
public class GroßerFisch {...}
```

Interface-Namen

Interface-Namen sollten Adjektive sein, die auf »able« oder »ible« enden, wenn ein Interface eine Fähigkeit darstellt; andernfalls sollten Interface-Namen ebenfalls Nomen sein. Interface-Namen folgen den gleichen Konventionen für die Groß-/Kleinschreibung wie Klassennamen:

```
public interface Serializable {...}
public interface SystemPanel {...}
```

Methodennamen

Methodennamen sollten ein Verb enthalten, da Methoden genutzt werden, um Objekte etwas unternehmen zu lassen. Die Groß-/

Kleinschreibung sollte erneut gemischt sein, wobei der Name hier mit einem Kleinbuchstaben beginnen und die ersten Buchstaben aller nachfolgenden Wörter großgeschrieben werden sollten. Methodennamen können Adjektive und Nomen enthalten:

```
public void locate() {...} // Verb
public String getWayPoint() {...} // Verb und Nomen
```

Namen von Instanzvariablen und statischen Variablen

Die Namen von Instanzvariablen und statischen Variablen sollten Nomen sein und den gleichen Namenskonventionen folgen wie Methodennamen:

```
private String wayPoint;
```

Namen von Parametern und lokalen Variablen

Die Namen von Parametern oder lokalen Variablen sollten aussagekräftige einzelne Wörter, Akronyme oder Abkürzungen sein. Wenn mehrere Wörter erforderlich sind, folgt die Groß-/Kleinschreibung der Namen den gleichen Konventionen wie die der Methodennamen:

```
public void printHotSpots(ArrayList spotList) {
  int counter = 0;
  for (String hotSpot : spotList) {
    System.out.println("Hot-Spot Nr. "
      + ++counter + ": " + hotSpot);
  }
}
```

Die Namen temporärer Variablen können auch aus nur einem einzigen Buchstaben bestehen, z. B. i, j, k, m und n für ganze Zahlen sowie c, d und e für Zeichen.

Die Namen generischer Typparameter

Die Namen generischer Typparameter sollten aus nur einem Großbuchstaben bestehen. Üblicherweise wird der Buchstabe T (für Typ) verwendet.

Das Collections-Framework macht umfassenden Gebrauch von Generics. E wird für Collection-Elemente genutzt, S für Service-Loader sowie K und V für Schlüssel (Key) und Werte (Value) in Maps:

```
public interface Map <K,V> {
    V put(K key, V value);
}
```

Namen von Konstanten

Namen von Konstanten sollten gänzlich aus Großbuchstaben bestehen, und mehrere Wörter sollten durch Unterstriche getrennt werden:

```
public static final int MAX_DEPTH = 200;
```

Enumerationsnamen

Enumerationsnamen verwenden die gleichen Namenskonventionen wie Klassennamen. Die Namen der Elemente der Enumeration (die Optionen) sollten gänzlich aus Großbuchstaben bestehen:

```
enum Battery {CRITICAL, LOW, CHARGED, FULL}
```

Package-Namen

Package-Namen sollten einzigartig sein und vollständig aus Kleinbuchstaben bestehen. Bei Bedarf können Unterstriche gesetzt werden:

```
package com.oreilly.fish_finder;
```

Der Name öffentlich zugänglicher Packages sollte der umgekehrte Domainname der Organisation sein, der mit der aus einem Wort bestehenden Top-Level-Domain (d. h. *com, net, org* oder *edu*) beginnt, auf die der Name der Organisation und der Name des Projekts oder der Abteilung folgt. (Interne Packages werden üblicherweise nach dem Projekt benannt.)

Package-Namen, die mit java oder javax beginnen, sind reserviert und dürfen nur für Implementierungen verwendet werden, die den Java-Klassenbibliotheken entsprechen.

Annotationsnamen

Annotationsnamen werden in der Java SE-API bei den vordefinierten Annotationstypen auf unterschiedliche Weise formuliert, [Adjektiv|Verb][Nomen]:

```
@Documented
@Retention(RetentionPolicy.RUNTIME)
@Target(ElementType.TYPE)
public @interface FunctionalInterface {}
```

Akronyme

Wenn Sie in einem Namen ein Akronym verwenden, sollte nur der erste Buchstabe ein Großbuchstabe sein – und auch nur dann, wenn dort ein Großbuchstabe angemessen ist:

```
public String getGpsVersion() {...}
```

KAPITEL 2

Lexikalische Elemente

Java-Quellcode besteht aus Wörtern oder Symbolen, die als lexikalische Elemente oder Token bezeichnet werden. Zu den lexikalischen Elementen von Java zählen Zeilenendezeichen, Leerraumzeichen, Kommentare, Schlüsselwörter, Bezeichner, Trennzeichen, Operatoren und Literale. Die Wörter und Symbole bestehen in der Programmiersprache Java aus Zeichen aus dem Unicode-Zeichensatz.

Unicode und ASCII

Der von der Standardisierungsorganisation Unicode Consortium gepflegte Unicode ist ein allgemeiner Zeichensatz, dessen erste 128 Zeichen denen des Zeichensatzes ASCII (American Standard Code for Information Interchange) entsprechen. Unicode stellt eine eindeutige Nummer für jedes Zeichen bereit und kann auf allen Plattformen, in allen Programmen und mit allen Sprachen verwendet werden. Java SE 8 nutzt Unicode 6.2.0. Mehr Informationen dazu finden Sie im Onlinehandbuch (*http://bit.ly/1eeZt6J*). Java SE 7 nutzt Unicode 6.0.0. Java SE 6 und SE 5.0 nutzen Unicode 4.0.

TIPP

Kommentare, Bezeichner und Stringliterale sind in Java nicht auf ASCII-Zeichen beschränkt. Alle anderen Java-Eingabeelemente werden aus ASCII-Zeichen gebildet.

Die Unicode-Version, die von der jeweiligen Java-Plattform verwendet wird, wird in der Character-Klasse der Java-API dokumentiert. Auf eine Liste der Unicode-Zeichencodes für Schriftzeichen, Symbole und Interpunktionszeichen können Sie unter *http://unicode.org/charts/* zugreifen.

Druckbare ASCII-Zeichen

ASCII reserviert Code 32 (Leerzeichen) und die Codes 33 bis 126 (Buchstaben, Ziffern, Interpunktionszeichen und ein paar weitere Zeichen) für druckbare Zeichen. Tabelle 2-1 zeigt die dezimalen Werte und die ASCII-Zeichen, die diesen Codes entsprechen.

Tabelle 2-1: Druckbare ASCII-Zeichen

32 SP	48 0	64 @	80 P	96 '	112 p
33 !	49 1	65 A	81 Q	97 a	113 q
34 "	50 2	66 B	82 R	98 b	114 r
35 #	51 3	67 C	83 S	99 c	115 s
36 $	52 4	68 D	84 T	100 d	116 t
37 %	53 5	69 E	85 U	101 e	117 u
38 &	54 6	70 F	86 V	102 f	118 v
39 '	55 7	71 G	87 W	103 g	119 w
40 (	56 8	72 H	88 X	104 h	120 x
41)	57 9	73 I	89 Y	105 i	121 y
42 *	58 :	74 J	90 Z	106 j	122 z
43 +	59 ;	75 K	91 [	107 k	123 {
44 ,	60 <	76 L	92 \	108 l	124	
45 -	61 =	77 M	93]	109 m	125 }
46 .	62 >	78 N	94 ^	110 n	126 ~
47 /	63 ?	79 O	95 _	111 o	

Nicht druckbare ASCII-Zeichen

ASCII reserviert die Codes 0 bis 31 sowie Code 127 für *Steuerzeichen*. Tabelle 2-2 zeigt die dezimalen Werte und die ASCII-Zeichen für den jeweiligen Code.

Tabelle 2-2: Nicht druckbare ASCII-Zeichen

00 NUL	07 BEL	14 SO	21 NAK	28 FS
01 SOH	08 BS	15 SI	22 SYN	29 GS
02 STX	09 HT	16 DLE	23 ETB	30 RS
03 ETX	10 NL	17 DC1	24 CAN	31 US
04 EOT	11 VT	18 DC2	25 EM	127 DEL
05 ENQ	12 NP	19 DC3	26 SUB	
06 ACK	13 CR	20 DC4	27 ESC	

TIPP

ASCII 10 ist ein Zeilenvorschub, ASCII 13 ein Wagenrücklauf.

Kommentare

Ein einzeiliger Kommentar beginnt mit zwei Schrägstrichen und endet unmittelbar vor dem Zeilenendezeichen:

```
// Ein Kommentar auf einer einzelnen Zeile
```

Ein mehrzeiliger Kommentar beginnt mit einem Schrägstrich, auf den unmittelbar ein Asterisk folgt, und endet mit einem Asterisk, auf den unmittelbar ein Schrägstrich folgt. Ein einzelner Asterisk zu Anfang der einzelnen Kommentarzeilen ist eine nützliche Formatierungskonvention; das ist üblich, aber nicht erforderlich:

```
/*
 * So kann ein Kommentar über mehrere Zeilen
 * gehen.
 */
```

Ein Javadoc-Kommentar wird vom Javadoc-Werkzeug verarbeitet, um eine API-Dokumentation im HTML-Format zu generieren. Ein Javadoc-Kommentar beginnt mit einem Schrägstrich, auf den unmittelbar zwei Asterisken folgen, und schließt mit einem Asterisk, auf den unmittelbar ein Schrägstrich folgt (Oracles Dokumentationsseite *http://bit.ly/16mhGeT* bietet weitere Informationen zum Javadoc-Werkzeug):

```
/** Das ist mein Javadoc-Kommentar */
```

Kommentare dürfen in Java nicht geschachtelt werden:

```
/* Das hier ist /* in Java */ nicht gestattet */
```

Schlüsselwörter

Tabelle 2-3 enthält die Java-Schlüsselwörter. Zwei davon, const und goto, sind reserviert, werden von Java aber nicht verwendet. Java 5.0 hat das Schlüsselwort enum eingeführt.

TIPP

Java-Schlüsselwörter dürfen in Java-Programmen nicht als Bezeichner verwendet werden.

Tabelle 2-3: Java-Schlüsselwörter

abstract	double	int	super
assert	else	interface	switch
boolean	enum	long	synchronized
break	extends	native	this
byte	final	new	throw
case	finally	package	throws
catch	float	private	transient
char	for	protected	try
class	if	public	void
const	goto	return	volatile
continue	implements	short	while
default	import	static	
do	instanceof	strictfp	

TIPP

Gelegentlich werden true, false und null fälschlich als Schlüsselwörter betrachtet. Es sind jedoch keine Schlüsselwörter, sondern reservierte Literale.

Bezeichner

Ein Java-Bezeichner ist ein Name, den ein Programmierer einer Klasse, Methode, Variablen und so weiter gibt.

Bezeichner dürfen nicht aus der gleichen Unicode-Zeichenfolge bestehen wie Schlüsselwörter oder die vordefinierten Literale true, false und null.

Java-Bezeichner werden aus Java-Zeichen gebildet. Ein Java-Zeichen ist ein Zeichen, für das Character.isJavaIdentifierStart(int) true liefert. Aus dem ASCII-Zeichensatz sind nur das Dollarzeichen ($), der Unterstrich (_) sowie die Klein- und Großbuchstaben Java-Zeichen.

Ziffern sind in Bezeichnern ebenfalls gestattet, aber erst nach dem ersten Zeichen:

```java
// Zulässige Java-Bezeichner
class TestDriver {...}
String testVariable;
int _testVariable;
Long $testVariable;
startTest(testVariable1);
```

Namenskonventionen finden Sie in *Namenskonventionen*, ab Seite 17.

Trennzeichen

Mehrere ASCII-Zeichen begrenzen Teile des Programms und werden als Trennzeichen eingesetzt. (), { } und [ ] werden paarweise verwendet:

() { } [ ] < > :: : ; , . ->

Tabelle 2-4 beinhaltet eine Aufstellung der verschiedenen Arten von Klammern und ihrer Einsatzgebiete.

Tabelle 2-4: Klammer-Trennzeichen in Java

Klammer	Bezeichnung	Verwendung
( )	Klammern, runde Klammern	Definiert den Vorrang in arithmetischen Ausdrücken, schließt Typ-Casts ein und umgibt die Menge der Methodenargumente.
{ }	geschweifte Klammern	Schließt Codeblöcke und Array-Literale ein.
[ ]	eckige Klammern	Array-Deklaration und Zugriff.
⟨ ⟩	spitze Klammern	Schließt generische Typargumente ein.

Guillemets oder umgekehrte französische Anführungszeichen werden eingesetzt, um in UML Stereotypen anzugeben: « ».

Operatoren

Operatoren führen Operationen auf einem, zwei oder drei Operanden aus und liefern ein Ergebnis. Java-Operatoren fallen in unterschiedliche Kategorien: Zuweisung, Arithmetik, Vergleich, Bit-Operation und Klasse/Objekt. Tabelle 2-5 bietet eine Aufstellung der Java-Operatoren in der Reihenfolge des Vorrangs (wobei die mit der höchsten Priorität zu Beginn der Tabelle stehen). Sie enthält eine kurze Beschreibung des Operators und seine Assoziativität (d. h., ob er von rechts nach links oder von links nach rechts ausgewertet wird).

Tabelle 2-5: Java-Operatoren

Vorrang	Operator	Beschreibung	Assoziativität
1	++,−−	Post-Inkrement, Post-Dekrement	R → L
2	++,−−	Prä-Inkrement, Prä-Dekrement	R → L
	+,-	unäres Plus, unäres Minus	R → L
	~	Bit-Komplement	R → L
	!	Boolesches NICHT	R → L
3	new	Objekt erstellen	R → L
	(Typ)	Typ-Cast	R → L
4	*,/,%	Multiplikation, Division, Rest	L → R
5	+,-	Addition, Subtraktion	L → R
	+	Stringverkettung	L → R

Tabelle 2-5: Java-Operatoren (Fortsetzung)

Vorrang	Operator	Beschreibung	Assoziativität
6	<<, >>, >>>	Bit-Verschiebung nach links, nach rechts, vorzeichenlos nach rechts	L → R
7	<, <=, >, >=	kleiner als, kleiner gleich, größer als, größer gleich	L → R
	instanceof	Typvergleich	L → R
8	==, !=	Wertgleichheit und -ungleichheit	L → R
	==, !=	Referenzgleichheit und -ungleichheit	L → R
9	&	Boolesches UND	L → R
	&	Bit-UND	L → R
10	^	Boolesches exklusives ODER (XOR)	L → R
	^	Bit-basiertes exklusives ODER (XOR)	L → R
11	|	Boolesches inklusives ODER	L → R
	|	Bit-basiertes inlusives ODER	L → R
12	&&	Logisches UND (d. h. bedingtes UND)	L → R
13	||	Logisches ODER (d. h. bedingtes ODER)	L → R
14	?:	ternärer Bedingungsoperator	L → R
15	=, +=, -=, *=, /=, %=, &=, ^=,|=, <<=, >> =, >>>=	Zuweisungsoperatoren	

Literale

Literale sind Quellcoderepräsentationen von Werten. Seit Java SE 7 sind in numerischen Literalen Unterstriche gestattet, um die Lesbarkeit von Code zu verbessern. Die Unterstriche können zwischen einzelnen Ziffern angegeben werden und werden zur Laufzeit ignoriert.

Mehr Informationen zu Literalen elementarer Typen finden Sie unter Abschnitt »Literale für elementare Typen«, Seite 34 in *Grundlegende Typen*, ab Seite 33.

Boolesche Literale

Boolesche Literale werden entweder mit true oder mit false angegeben:

```
boolean isReady = true;
boolean isSet = new Boolean(false); // Unboxing
boolean isGoing = false;
```

Zeichenliterale

Ein Zeichenliteral ist entweder ein einzelnes Zeichen oder eine Escape-Sequenz in einfachen Anführungszeichen. Zeilenendezeichen sind nicht gestattet:

```
char charValue1 = 'a';
// Ein Apostroph
Character charValue2 = new Character ('\"');
```

Ganzzahlliterale

Ganzzahlige Typen oder Integer-Typen (byte, short, int und long) können dezimal, hexadezimal, oktal oder binär angegeben werden. Standardmäßig haben ganzzahlige Literale den Typ int:

```
int intValue1 = 34567, intValue2 = 1_000_000;
```

Dezimale Ganzzahlen enthalten eine beliebige Anzahl der ASCII-Ziffern 0 bis 9 und repräsentieren positive Zahlen:

```
Integer integerValue1 = new Integer(100);
```

Wird einem dezimalen Wert der unäre Negationsoperator vorangestellt, wird ein negativer Dezimalwert gebildet:

```
public static final int INT_VALUE = -200;
```

Hexadezimale Literale beginnen mit 0x oder 0X. Darauf folgen die ASCII-Ziffern 0 bis 9 und die Buchstaben a bis f (oder A bis F). Bei hexadezimalen Literalen berücksichtigt Java Groß-/Kleinschreibung nicht.

Hexadezimale Zahlen können positive und negative ganze Zahlen sowie null repräsentieren:

```
int intValue3 = 0X64; // Dezimal 100 in Hexform
```

Oktale Literale beginnen mit einer Null, auf die eine oder mehr der ASCII-Ziffern 0 bis 7 folgen:

```
int intValue4 = 0144; // Dezimal 100 in Oktalform
```

Binäre Literale werden mit dem Präfix 0b oder 0B angegeben, auf das Nullen und Einsen folgen:

```
char msgValue1 = 0b01001111; // O
char msgValue2 = 0B01001011; // K
char msgValue3 = 0B0010_0001; // !
```

Wollen Sie eine Ganzzahl mit dem Typ long definieren, hängen Sie dem Literal den ASCII-Buchstaben L (empfohlen und besser lesbar) oder l an:

```
long longValue = 100L;
```

Gleitkommaliterale

Ein gültiges Gleitkommaliteral erfordert eine ganze Zahl und/oder einen Nachkommaanteil, einen Dezimaltrenner und ein Typsuffix. Ein Exponent, dem ein e oder E vorangestellt ist, ist optional. Nachkommaanteil und Dezimaltrenner sind nicht erforderlich, wenn ein Exponent oder ein Typsuffix angegeben wird.

Ein Gleitkommaliteral (double) ist ein Gleitkommawert doppelter Genauigkeit, bestehend aus acht Bytes. Ein float hat vier Bytes. Das Typsuffix für double-Werte ist d oder D, das für float-Werte f oder F:

```
[ganze_Zahle].[Nachkommaanteil][e|E exp][f|F|d|D]

float floatValue1 = 9.15f, floatValue2 = 1_168f;
Float floatValue3 = new Float(20F);
double doubleValue1 = 3.12;
Double doubleValue2 = new Double(1e058);
float expValue1 = 10.0e2f, expValue2=10.0E3f;
```

Stringliterale

Stringliterale enthalten null oder mehr Zeichen, einschließlich Escape-Sequenzen, in einem Paar doppelter Anführungszeichen. Stringliterale dürfen die Unicode-Zeilenendezeichen \u000a und \u000d

nicht enthalten. Nutzen Sie stattdessen die Escape-Sequenzen \r
und \n. Strings sind unveränderlich:

```
String stringValue1 = new String("Gültiges Literal.");
String stringValue2 = "Gültig.\nAuf einer neuen Zeile.";
String stringValue3 = "Verkettete Str" + "ings";
String stringValue4 = "\"Escape-Sequenzen\"\r";
```

Mit der Klasse String ist ein Stringpool verknüpft. Dieser Pool ist zu
Anfang leer. Stringliterale und konstante Stringausdrücke werden in
diesem Pool gespeichert und werden ihm auch nur einmal hinzugefügt.

Das folgende Beispiel zeigt, wie die Literale dem Pool hinzugefügt
und wie sie aus dem Pool verwendet werden:

```
// Fügt dem Pool "derString" hinzu
String stringValue5 = "derString";
// Nutzt den String "derString" aus dem Pool
String stringValue6 = "derString";
```

Ein String kann dem Pool explizit hinzugefügt werden (falls er noch
nicht im Pool vorhanden ist), indem auf dem String die Methode
intern() aufgerufen wird. intern() liefert einen String, der entweder der neue String ist, der dem Pool hinzugefügt wurde, oder eine
Referenz auf den bereits vorhandenen String:

```
String stringValue7 = new String("derString");
String stringValue8 = stringValue7.intern();
```

Nullliteral

Das Nullliteral hat den Typ null und kann auf Referenztypen angewandt werden. Mit elementaren Typen ist es nicht verwendbar:

```
String n = null;
```

Escape-Sequenzen

Tabelle 2-6 bietet eine Aufstellung der Escape-Sequenzen in Java.

Tabelle 2-6: Escape-Sequenzen für Zeichen- und Stringliterale

Name	Sequenz	Dezimal	Unicode
Backspace	\b	8	\u0008
Horizontaler Tab	\t	9	\u0009
Zeilenvorschub	\n	10	\u000A
Seitenvorschub	\f	12	\u000C
Wagenrücklauf	\r	13	\u000D
Doppeltes Anführungszeichen	\\)	34	\u0022
Einfaches Anführungszeichen	\'	39	\u0027

Auf unterschiedlichen Plattformen werden unterschiedliche Zeilenendezeichen verwendet, um einen Zeilenumbruch zu erhalten (siehe Tabelle 2-7). Die println()-Methode, die einen Zeilenumbruch einschließt, ist, bei adäquater Verwendung, besser geeignet, um Zeilenumbrüche einzubauen, als der manuelle Einsatz von \n und \r.

Tabelle 2-7: Unterschiede beim Zeilenumbruch

Betriebssystem	Zeilenumbruch
POSIX-konforme Betriebssysteme (z. B. Solaris, Linux) und Mac OS X	LF (\n)
Mac OS X bis Version 9	CR (\r)
Microsoft Windows	CR+LF (\r\n)

Unicode-Währungssymbole

Die Unicode-Währungssymbole werden im Unicode-Bereich \u20A0–\u20CF (8352–+8399+) definiert. Beispiele finden Sie in Tabelle 2-8.

Tabelle 2-8: Währungssymbole im Unicode-Bereich

Name	Symbol	Dezimal	Unicode
Franc-Zeichen	₣	8355	\u20A3
Lire-Zeichen	₤	8356	\u20A4
Mill-Zeichen	₥	8357	\u20A5
Rupien-Zeichen	₨	8360	\u20A8
Dong-Zeichen	₫	8363	\u20AB
Euro-Zeichen	€	8364	\u20AC

Es gibt aber auch eine Vielzahl von Währungssymbolen, die nicht im designierten Währungsbereich definiert werden. Beispiele sehen Sie in Tabelle 2-9.

Tabelle 2-9: Währungssymbole außerhalb des Unicode-Bereichs

Name	Symbol	Dezimal	Unicode
Dollar-Zeichen	$	36	\u0024
Cent-Zeichen	¢	162	\u00A2
Pfund-Zeichen	£	163	\u00A3
Währungszeichen	¤	164	\u00A4
Yen-Zeichen	¥	165	\u00A5
Kleines lateinisches f mit Haken	ƒ	402	\u0192
Bengalische Rupienmarkierung	৲	2546	\u09F2
Bengalisches Rupienzeichen	৳	2547	\u09F3
Gujarati-Rupienzeichen	૱	2801	\u0AF1
Tamilisches Rupienzeichen	௹	3065	\u0BF9
Thailändisches Baht-Zeichen	฿	3647	\u0E3F
Schreibschrift M	ℳ	8499	\u2133
Vereinheitlichtes CJK-Ideograf 1	元	20803	\u5143
Vereinheitlichtes CJK-Ideograf 2	円	20870	\u5186
Vereinheitlichtes CJK-Ideograf 3	圆	22278	\u5706
Vereinheitlichtes CJK-Ideograf 4	圓	22291	\u5713

KAPITEL 3

Grundlegende Typen

Zu den grundlegenden Typen zählen die elementaren Typen von Java und die korrespondierenden Wrapper-Klassen bzw. Referenztypen. Java 5.0 und höher bieten eine automatische Umwandlung zwischen diesen elementaren Typen und den entsprechenden Referenztypen. Dieser Vorgang wird als Autoboxing bzw. Unboxing bezeichnet. Falls erforderlich, werden elementare Typen numerisch hochgestuft.

Elementare Typen

Java hat acht elementare Typen, alles reservierte Schlüsselwörter. Sie beschreiben Variablen, die einzelne Werte mit dem entsprechenden Format und der entsprechenden Größe enthalten können (siehe Tabelle 3-1). Elementare Typen verwenden immer die angegebene Genauigkeit, unabhängig von der Genauigkeit der jeweiligen Hardware (d. h. 32 oder 64 Bit).

Tabelle 3-1: Elementare Typen

Typ	Beschreibung	Speicherplatz	Wertebereich
boolean	true oder false	1 Bit	nicht anwendbar
char	Unicode-Zeichen	2 Byte	\u0000 bis \uFFFF
byte	Integer	1 Byte	−128 bis 127
short	Integer	2 Byte	−32768 bis 32767
int	Integer	4 Byte	−2147483648 bis 2147483647
long	Integer	8 Byte	-2^{63} bis $2^{63} -1$
float	Gleitkomma	4 Byte	$1.4e^{-45}$ bis $3.4e^{+38}$
double	Gleitkomma	8 Byte	$5e^{-324}$ bis $1.8e^{+308}$

Literale für elementare Typen

Alle elementaren Typen außer boolean können Zeichen-, Dezimal-, Hexadezimal-, Oktal- und Unicode-Literalformate akzeptieren. Falls erforderlich, wird ein Literalwert automatisch gecastet oder umgewandelt. Denken Sie daran, dass beim Abschneiden Bits verloren gehen. Unten sehen Sie eine Liste mit Zuweisungen, die elemenentare Typen nutzen:

```
boolean isTitleFight = true;
```
Die einzigen zulässigen Literalwerte für den elementaren Typ boolean sind true und false.

```
char [] cArray = {'\u004B', '0', '\'', 0x0064, 041,(char) 131105,
0b00100001}; // KO'd!!!
```
Der elementare Typ char repräsentiert ein einzelnes Unicode-Zeichen. Literale Werte des Typs char, die mehr als 2 Byte benötigen, müssen explizit gecastet werden.

```
byte rounds = 12, fighters = (byte) 2;
```
Der elementare Typ byte akzeptiert 4 Byte breite Integer als Literale. Wird kein expliziter Cast angegeben, wird der Integer implizit auf 1 Byte gecastet.

```
short seatingCapacity = 17157, vipSeats = (short) 500;
```
Der elementare Typ short akzeptiert 4 Byte breite Integer als Literale. Wird kein expliziter Cast angegeben, wird der Integer implizit auf 2 Byte gecastet.

```
int ppvRecord = 19800000, vs = vipSeats, venues = (int) 20000.50D;
```
Der elementare Typ int akzeptiert 4 Byte breite Integer als Literale. Wenn elementare char-, byte- und short-Werte als Li-

terale verwendet werden, werden sie automatisch in 4 Byte breite Integer umgewandelt. Im Beispiel ist das z. B beim short-Wert in vipSeats der Fall. Gleitkommazahlen und long-Literale müssen explizit gecastet werden.

```
long wins = 38L, losses = 4l, draws = 0, knockouts = (long) 30;
```

Der elementare Typ long akzepiert 8 Byte breite Integer als Literale. Er wird durch das Postfix L oder l angezeigt. Der Wert wird von einem 4 Byte breiten Wert in einen 8 Byte breiten Wert umgewandelt, wenn kein Postfix angegeben oder kein expliziter Cast eingesetzt wird.

```
float payPerView = 54.95F, balcony = 200.00f, ringside = (float)
2000, cheapSeats = 50;
```

Der elementare Typ float akzeptiert 4 Byte breite, vorzeichenbehaftete Gleitkommazahlen als Literale. Er wird durch das Postfix F oder f oder einen expliziten Cast angezeigt. Obgleich für ein int-Literal kein expliziter Cast erforderlich ist, passt ein int nicht immer in einen float, wenn der Wert größer als 2^{23} ist.

```
double champsPay = 20000000.00D, challengersPay = 12000000.00d,
chlTrainerPay = (double) 1300000, refereesPay = 3000, soda = 4.50;
```

Der elementare Typ double akzeptiert 8 Byte breite Gleitkommazahlen als Literale. Das Literal kann das Postfixh D oder d tragen oder mit einem expliziten Cast versehen werden. Wenn das Literal eine ganze Zahl darstellt, wird diese implizit gecastet.

Mehr Informationen zu Literalen finden Sie in *Lexikalische Elemente*, ab Seite 21.

Gleitkommaeinheiten

Positive und negative Gleitkomma-Unendlichwerte, der negative Null-Wert und der *Not-a-Number*-Wert (NaN) sind besondere Einheiten, die gemäß dem Standard IEEE 754-1985 definiert werden (siehe Tabelle 3-2).

Infinity, –Infinity und –0.0 werden zurückgeliefert, wenn eine Gleitkommaoperation einen Gleitkommawert zurückliefert, der so groß oder klein ist, dass er auf übliche Weise nicht dargestellt werden kann.

Tabelle 3-2: Gleitkommaeinheiten

Einheit	Beschreibung	Beispiele
Infinity	Repräsentiert das Konzept positiver Unendlichkeit.	1.0 / 0.0, 1e300 / 1e−300, Math.abs (−1.0 / 0.0)
-Infinity	Repräsentiert das Konzept negativer Unendlichkeit.	−1.0 / 0.0, 1.0 / (−0.0), 1e300/−1e−300
-0.0	Repräsentiert eine negative Zahl, die fast null ist.	−1.0 / (1.0 / 0.0), −1e−300 / 1e300
NaN	Repräsentiert ein undefiniertes Ergebnis.	0.0 / 0.0, 1e300 * Float.NaN, Math.sqrt (−9.0)

Positive und negative Unendlichkeit sowie NaN sind als double-und float-Konstanten verfügbar:

```
Double.POSITIVE_INFINITY; // Infinity
Float.POSITIVE_INFINITY;  // Infinity
Double.NEGATIVE_INFINITY; // -Infinity
Float.NEGATIVE_INFINITY;  // -Infinity
Double.NaN; // Not-a-Number
Float.NaN;  // Not-a-Number
```

Die Wrapper-Klassen Double und Float bieten Methoden, mit denen man prüfen kann, ob eine Zahl endlich, unendlich oder NaN ist:

```
Double.isFinite(Double.POSITIVE_INFINITY); // false
Double.isFinite(Double.NEGATIVE_INFINITY); // false
Double.isFinite(Double.NaN); // false
Double.isFinite(1); // true
Double.isInfinite(Double.POSITIVE_INFINITY); // true
Double.isInfinite(Double.NEGATIVE_INFINITY); // true
Double.isInfinite(Double.NaN); // false
Double.isInfinite(1); // false
Double.isNaN(Double.NaN); // true
Double.isNaN(1); // false
```

Operationen mit besonderen Werten

Tabelle 3-3 zeigt die Ergebnisse von Operationen mit diesen speziellen Werten. Dabei steht INF für Double.POSITIVE_INFINITY, -INF für Double.NEGATIVE_INFINITY und NAN für Double.NaN.

Die Spaltenüberschrift der vierten Spalte (-0.0) und der Eintrag in Zeile 12 (* NAN) ergeben also NaN. Das könnte folgendermaßen geschrieben werden:

```
// 'NaN' wird ausgegeben
System.out.print((-0.0) * Double.NaN);
```

Tabelle 3-3: Operationen mit besonderen numerischen Werten

	INF	(–INF)	(–0.0)
* INF	Infinity	-Infinity	NaN
+ INF	Infinity	NaN	Infinity
– INF	NaN	-Infinity	-Infinity
/ INF	NaN	NaN	-0.0
* 0.0	NaN	NaN	-0.0
+ 0.0	Infinity	-Infinity	0.0
+ 0.5	Infinity	-Infinity	0.5
* 0.5	Infinity	-Infinity	-0.0
+ (–0.5)	Infinity	-Infinity	-0.5
* (–0.5)	-Infinity	Infinity	0.0
+ NAN	NaN	NaN	NaN
* NAN	NaN	NaN	NaN

TIPP

Jede Operation mit dem Wert NaN liefert NaN; –NaN gibt es nicht.

Numerische Hochstufung elementarer Typen

Die numerische Hochstufung besteht aus Regeln, die unter bestimmten Umständen auf die Operanden eines arithmetischen Operators angewandt werden. Die Regeln der numerischen Hochstufung bestehen sowohl aus unären als auch aus binären Hochstufungsregeln.

Unäre numerische Hochstufung

Wenn ein Wert eines elementaren Typs Teil eines Ausdrucks ist, der denen entspricht, die in Tabelle 3-4 aufgeführt werden, werden die folgenden Hochstufungsregeln angewendet:

- Hat der Operand den Typ byte, short oder char, wird der Typ auf int hochgestuft.
- Andernfalls bleibt der Typ des Operanden unverändert.

Tabelle 3-4: Ausdrücke für unäre Hochstufungsregeln

Ausdruck

Operand des unären Plusoperators +

Operand des unären Minusoperators −

Operand des Bit-Komplement-Operators ~

Operand eines der Verschiebungsoperatoren >>, >>> oder <<

Indexausdruck in einem Array-Zugriffsausdruck

Dimensionsausdruck in einem Array-Erstellungsausdruck

Binäre numerische Hochstufung

Werden zwei elementare Werte unterschiedlicher numerischer Typen über einen der in Tabelle 3-5 aufgeführten Operatoren kombiniert, wird einer der Typen auf Grundlage der folgenden Regeln für die binäre Hochstufung hochgestuft:

- Wenn einer der Operanden den Typ double hat, wird der Nicht-double-Wert in den Typ double umgewandelt.
- Wenn einer der Operanden den Typ float hat, wird der Nicht-float-Wert in den Typ float umgewandelt.
- Wenn einer der Operanden den Typ long hat, wird der Nicht-long-Wert in den Typ long umgewandelt.
- Andernfalls werden beide Operanden in den Typ int umgewandelt.

Tabelle 3-5: Operatoren für binäre Hochstufungsregeln

Operatoren	Beschreibung
+ und −	additive Operatoren
*, / und %	multiplikative Operatoren
<, <=, > und >=	Vergleichsoperatoren
== und !=	Gleichheitsoperatoren
&, ^ und |	Bit-Operatoren
? :	Bedingungsoperator (siehe nächster Abschnitt)

Besondere Regeln für den Bedingungsoperator

- Hat ein Operand den Typ byte und der andere den Typ short, hat der Bedingungsausdruck den Typ short:

      short = true ? byte : short

- Wenn ein Operand *R* den Typ byte, short oder char hat und der andere ein konstanter Ausdruck des Typs int ist, dessen Wert im Wertebereich von *R* liegt, hat der Bedingungsausdruck den Typ *R*:

      short = (true ? short : 1967)

- Andernfalls wird eine binäre numerische Hochstufung angewandt, und der Bedingungsausdruck hat den Typ, der dem hochgestuften Typ des zweiten und dritten Arguments entspricht.

Wrapper-Klassen

Zu allen elementaren Typen gibt es eine entsprechende Wrapper-Klasse bzw. Referenztypen, die sich im Package java.lang befinden. Alle Wrapper-Klassen bieten eine Vielzahl von Methoden, unter anderem Methoden, die den gekapselten Wert liefern. Diese sehen Sie in Tabelle 3-6. Die Integer- oder Gleitkomma-Wrapper-Klassen können Werte verschiedener elementarer Typen liefern.

Tabelle 3-6: Wrapper-Klassen

Elementare Typen	Referenztypen	Methode, mit der man den elementaren Wert abruft
boolean	Boolean	booleanValue()
char	Character	charValue()
byte	Byte	byteValue(), shortValue(), intValue(), longValue(), floatValue(), doubleValue()
short	Short	byteValue(), shortValue(), intValue(), longValue(), floatValue(), doubleValue()
int	Integer	byteValue(), shortValue(), intValue(), longValue(), floatValue(), doubleValue()
long	Long	byteValue(), shortValue(), intValue(), longValue(), floatValue(), doubleValue()
float	Float	byteValue(), shortValue(), intValue(), longValue(), floatValue(), doubleValue()
double	Double	byteValue(), shortValue(), intValue(), longValue(), floatValue(), doubleValue()

Autoboxing und Unboxing

Autoboxing und Unboxing werden üblicherweise bei Auflistungen mit Werten elementarer Typen verwendet. Beim Autoboxing wird dynamisch Speicher alloziert und ein Objekt für jeden elementaren Wert initialisiert. Beachten Sie, dass dieser Aufwand häufig dazu führen kann, dass die Ausführungszeit der gewünschten Operation ausufert. Beim Unboxing wird für jedes Objekt ein elementarer Wert abgerufen.

Berechnungsintensive Aufgaben mit elementaren Werten (z. B. das Durchlaufen elementarer Werte in einem Container) sollten üblicherweise auf Basis von Arrays mit elementaren Werten durchgeführt werden und nicht mit Collections mit Wrapper-Objekten.

Autoboxing

Autoboxing ist die automatische Umwandlung elementarer Typen in die entsprechenden Wrapper-Klassen. In diesem Beispiel wird das Gewicht des Preisboxers von 147 automatisch in die Wrapper-

Klasse umgewandelt, weil Collections Referenzen und keine elementaren Werte speichern:

```
// Eine Hash-Map mit Gewichtsklassen erstellen
HashMap<String, Integer> weightGroups
    = new HashMap<String, Integer> ();
weightGroups.put("welterweight", 147);
weightGroups.put("middleweight", 160);
weightGroups.put("cruiserweight", 200);
```

Das folgende Beispiel zeigt eine akzeptable, aber nicht empfohlene Verwendung von Autoboxing:

```
// Gewichtsabweichung festlegen
Integer weightAllowanceW = 5; // Unsauber
```

TIPP

In diesen Beispielen enden die Variablen mit dem Wrapper-Typen mit den Großbuchstaben W. Das ist keine gängige Konvention.

Da es keinen Grund gibt, das Autoboxing zu erzwingen, sollte die vorangegangene Anweisung so formuliert werden:

```
Integer weightAllowanceW = new Integer (5);
```

Unboxing

Unboxing ist die automatische Umwandlung der Wrapper-Klasse in den entsprechenden elementaren Typ. In diesem Beispiel wird ein Wert aus einer Hash-Map abgerufen. Er wird automatisch entpackt (Unboxing), damit er in der Variablen des elementaren Typs gespeichert werden kann:

```
// Das gespeicherte Gewichtslimit abrufen
int weightLimitP = weightGroups.get(middleweight);
```

In diesen Beispielen enden die Variablen elementaren Typs mit dem Großbuchstaben P (für primitive). Das ist keine gängige Konvention.

Das folgende Beispiel demonstriert eine akzeptable, aber nicht empfohlene Verwendung des Unboxings:

```
// Gewichtsabweichung festlegen
weightLimitP = weightLimitP + weightAllowanceW;
```

Es wäre besser, diesen Ausdruck unter Verwendung der Methode intValue() zu schreiben, wie Sie es hier sehen:

```
weightLimitP = weightLimitP
  + weightAllowanceW.intValue(
);
```

KAPITEL 4

Referenztypen

Referenztypen halten Referenzen auf Objekte und verschaffen Ihnen die Möglichkeit, auf Objekte zuzugreifen, die irgendwo im Speicher festgehalten werden. Der Speicherort ist für den Programmierer irrelevant. Alle Referenztypen sind Unterklassen von java.lang.Object.

Tabelle 4-1 führt die fünf Java-Referenztypen auf.

Tabelle 4-1: Referenztypen

Referenztyp	Kurzbeschreibung
Annotation	Ein Mittel, Metadaten (Daten über Daten) mit Programmelementen zu verbinden.
Array	Eine Datenstruktur unveränderlicher Größe, die Datenelemente des gleichen Typs speichert.
Class	Bietet Vererbung, Polymorphie und Kapselung. Modelliert üblicherweise etwas aus dem wahren Leben und besteht aus einer Sammlung von Werten, die Daten festhalten, und einem Satz von Methoden, die auf diesen Daten operieren.
Enumeration	Eine Referenz auf eine Menge von Objekten, die eine Auswahl aufeinander bezogener Optionen repräsentieren.
Interface	Stellt eine öffentliche API und wird von Java-Klassen »implementiert«.

Elementare Typen und Referenztypen im Vergleich

In Java gibt es zwei Typkategorien: Referenztypen und elementare Typen. Tabelle 4-2 zeigt einige der entscheidenden Unterschiede zwischen beiden auf. Weitere Details finden Sie in *Grundlegende Typen*, ab Seite 33.

Tabelle 4-2: Referenztypen und elementare Typen im Vergleich

Referenztypen	Elementare Typen
Unbeschränkte Anzahl von Referenztypen, da diese durch die Nutzer definiert werden.	Besteht aus dem Typ `boolean` und den numerischen Typen `char`, `byte`, `short`, `int`, `long`, `float` und `double`.
Der Speicherort speichert eine Referenz auf die Daten.	Der Speicherort speichert die tatsächlich von einem elementaren Typ festgehaltenen Daten.
Wird ein Referenztyp einem anderen Referenztyp zugewiesen, weisen beide auf das gleiche Objekt.	Wird ein elementarer Wert einer anderen Variablen des gleichen Typs zugewiesen, wird eine Kopie erstellt.
Wird ein Objekt an eine Methode übergeben, kann die aufgerufene Methode den Inhalt des übergebenen Objekts ändern, aber nicht die Adresse des Objekts.	Wird ein elementarer Wert an eine Methode übergeben, wird nur eine Kopie übergeben. Die aufgerufene Methode hat keinen Zugriff auf den ursprünglichen elementaren Wert und kann ihn deswegen nicht ändern. Die aufgerufene Methode kann nur den kopierten Wert ändern.

Vorgabewerte

Vorgabewerte sind die Werte, die in Java Instanzvariablen zugewiesen werden, wenn nicht explizit ein Initialisierungswert gesetzt wurde.

Instanzvariablen und lokale Variablen

Instanzvariablen (also jene, die auf Klassenebene deklariert werden) haben den Vorgabewert `null`. `null` referenziert nichts.

Lokale Variablen (jene, die in einer Methode deklariert werden) haben keinen Vorgabewert, nicht einmal den Wert `null`. Deswegen sollten Sie lokale Variablen immer initialisieren. Wird eine nicht initialisierte lokale Variable auf einen Wert geprüft (gilt auch für eine Prüfung auf `null`), führt das zu einem Compilerfehler.

Obgleich Objektreferenzen mit dem Wert `null` kein Objekt auf dem Heap referenzieren, können auf `null` gesetzte Objekte in Code referenziert werden, ohne dass das zu Compiler- oder Laufzeitfehlern führt:

```
Date dateOfParty = null;
// Kompiliert
if (dateOfParty == null) {
  ...
}
```

Der Aufruf einer Methode auf einer Referenzvariablen, die null ist, oder die Verwendung des Punktoperators auf dem Objekt führt zu einer java.lang.NullPointerException:

```
private static int MAX_LENGTH = 20;
...
String theme = null;
// Exception ausgelöst, da theme null ist
if (theme.length() > MAX_LENGTH) {
  ...
}
```

Arrays

Arrays erhalten immer einen Vorgabewert, unabhängig davon, ob sie als Instanzvariablen oder als lokale Variablen deklariert sind. Arrays, die deklariert, aber nicht initialisiert sind, erhalten den Vorgabewert null.

Im folgenden Code wird zwar das Array gameList1 initialisiert, nicht aber die einzelnen Werte darin. Das bedeutet, dass die Objektreferenzen den Wert null haben. Die Objekte müssen dem Array noch hinzugefügt werden:

```
// Die deklarierten Arrays gameList1 und
// gameList2 werden per Vorgabe auf null initialisiert.
Game[] gameList1;
Game gameList2[];

// Das folgende Array wurde initialisiert, aber
// die Objektreferenzen sind weiter null, weil
// das Array keine Objekte enthält.
   gameList1 = new Game[10];

// Fügen wir der Liste nun ein Game-Objekt hinzu.
// Jetzt hat die Liste ein Objekt.
   gameList1[0] = new Game();
```

Mehrdimensionale Arrays sind in Java eigentlich Arrays mit Arrays. Sie können mit dem new-Operator initialisiert werden oder indem ein Initialisierungsausdruck in geschweiften Klammern angegeben wird. Mehrdimensionale Arrays können gleichförmig oder unregelmäßig sein:

```
// Anonymes Array
int twoDimensionalArray[][] = new int[6][6];
twoDimensionalArray[0][0] = 100;
int threeDimensionalArray[][][] = new int[2][2][2];
threeDimensionalArray[0][0][0] = 200;
int varDimensionArray[][] = {{0,0},{1,1,1},
{2,2,2,2}};
varDimensionArray[0][0] = 300;
```

Anonyme Arrays ermöglichen die Erstellung neuer Arrays mit Werten an beliebiger Stelle im Code:

```
// Beispiele für die Verwendung anonymer Arrays
int[] luckyNumbers = new int[] {7, 13, 21};
int totalWinnings = sum(new int[] {3000, 4500,
5000});
```

Umwandlung von Referenztypen

Ein Objekt kann in den Typ seiner Oberklasse (erweitert) oder in den Typ seiner Unterklassen (eingeengt) umgewandelt werden.

Der Compiler prüft Umwandlungen bei der Kompilierung, und die *Java Virtual Machine* (JVM) prüft sie zur Laufzeit.

Erweiternde Umwandlung

- Eine Erweiterung wandelt eine Unterklasse implizit in ihre Elternklasse (Oberklasse) um.
- Erweiternde Umwandlungen lösen keine Laufzeit-Exceptions aus.
- Es ist kein expliziter Cast erforderlich:

```
String s = new String();
Object o = s; // Erweiternd
```

Einengende Umwandlung

- Eine Einengung wandelt einen allgemeineren Typ in einen spezifischeren Typ um.

- Eine Einengung ist die Umwandlung einer Oberklasse in eine Unterklasse.

- Es ist ein expliziter Cast erforderlich. Sie casten ein Objekt auf ein anderes Objekt, indem Sie den Typ des Objekts, auf das gecastet werden soll, in Klammern unmittelbar vor dem Objekt angeben, das gecastet werden soll.

- Unzulässige Einengungen führen zu einer `ClassCastException`.

- Einengung kann zum Verlust von Daten oder Genauigkeit führen.

Objekte können nicht in einen nicht verwandten Typ umgewandelt werden – d. h. in einen anderen Typ als den Typ einer ihrer Ober- oder Unterklassen. Der Versuch führt bereits bei der Kompilierung zu einem »Nicht konvertierbare Typenfehler«. Hier sehen Sie ein Beispiel für eine Umwandlung, die zu einem Compilerfehler aufgrund »nicht konvertierbarer Typen« führt:

```
Object c = new Object();
String d = (Integer) c;  // Compilerfehler
```

Umwandlungen zwischen elementaren Typen und Referenztypen

Die automatische Umwandlung zwischen elementaren Typen und Referenztypen wird als Autoboxing respektive Unboxing bezeichnet. Mehr Informationen finden Sie in *Grundlegende Typen*, ab Seite 33.

Referenztypen an Methoden übergeben

Folgendes passiert, wenn ein Objekt als Variable an eine Methode übergeben wird:

- Es wird eine Kopie der Referenzvariablen übergeben, nicht das eigentliche Objekt.

- Der Aufrufer und die aufgerufenen Methoden halten identische Kopien der Referenz.

- Der Aufrufer sieht alle Änderungen, die die aufgerufene Methode am Objekt vornimmt. Dass Änderungen am ursprünglichen Objekt vorgenommen werden, kann verhindert werden, indem der aufgerufenen Methode eine Kopie des Objekts übergeben wird.

- Die aufgerufene Methode kann die Adresse des Objekts nicht ändern, aber sie kann den Inhalt des Objekts ändern.

Das folgende Beispiel illustriert die Übergabe von elementaren Typen und Referenztypen an Methoden und zeigt die Auswirkungen auf die Typen, wenn sie von der aufgerufenen Methode geändert werden:

```
void roomSetup() {
  // Übergabe einer Referenz
  Table table = new Table();
  table.setLength(72);
  // Length wird geändert
  modTableLength(table);

  // Übergabe eines elementaren Werts
  // Wert von chairs wird nicht geändert
  int chairs = 8;
  modChairCount(chairs);
}

void modTableLength(Table t) {
  t.setLength(36);
}

void modChairCount(int i) {
  i = 10;
}
```

Referenztypen vergleichen

Referenztypen können in Java verglichen werden. Vergleichsoperatoren und die equals-Methode können in Vergleichen eingesetzt werden.

Die Vergleichsoperatoren verwenden

Die Vergleichsoperatoren != und == werden genutzt, um Speicherorte zweier Objekte im Speicher zu vergleichen. Wenn die Speicheradressen der verglichenen Objekte gleich sind, werden die beiden Objekte als gleich betrachtet. Diese Operatoren werden nicht eingesetzt, um den Inhalt von zwei Objekten zu vergleichen.

Im folgenden Beispiel haben guest1 und guest2 die gleiche Speicheradresse, es wird also "Gleicher Gast" ausgegeben:

```
Guest guest1 = new Guest("name");
Guest guest2 = guest1;
if (guest1 == guest2)
  System.out.println("Gleicher Gast")
```

Im nächsten Beispiel sind die Speicheradressen nicht gleich, es wird also "Anderer Gast" ausgegeben:

```
Guest guest3 = new Guest("name");
Guest guest4 = new Guest("name");
if (guest3 == guest4)
  System.out.println("Gleicher Gast.")
else
  System.out.println("Anderer Gast")
```

Die equals()-Methode verwenden

Zum Vergleichen des Inhalts von zwei Klassenobjekten kann die equals()-Methode der Klasse Object genutzt oder überschrieben werden. Wenn die equals()-Methode überschrieben wird, sollte ebenfalls die hashCode()-Methode überschrieben werden, und zwar wegen der Kompatibilität mit Hash-basierten Collections wie HashMap und HashSet.

TIPP

Standardmäßig nutzt die equals()-Methode für Vergleiche einfach den ==-Operator. Diese Methode muss überschrieben werden, wenn sie wirklich nützlich sein soll.

Angenommen, Sie wollten die Werte vergleichen, die in zwei Instanzen der gleichen Klasse enthalten sind. Dann sollten Sie eine selbst definierte equals()-Methode verwenden.

Strings vergleichen

In Java gibt es zwei Möglichkeiten, zu prüfen, ob zwei Strings gleich sind, doch die Definition von »gleich« ist dabei jeweils eine andere. Wenn Sie prüfen wollen, ob die Zeichenfolgen, die in zwei unterschiedlichen Strings enthalten sind, gleich sind, wird üblicherweise die equals()-Methode verwendet:

- Die equals()-Methode vergleicht zwei Strings zeichenweise, um ihre Gleichheit zu prüfen. Das ist nicht die Standardimplementierung von equals(), die die Klasse Object stellt, es ist eine überschreibende Implementierung, die die Klasse String stellt.

- Der ==-Operator prüft, ob zwei Objekte auf die gleiche Instanz eines Objekts verweisen.

Hier ist ein Programm, das zeigt, wie Strings mit der equals()-Methode und dem ==-Operator verglichen werden (weitere Informationen zur Auswertung von Strings finden Sie unter Abschnitt »Stringliterale«, Seite 29 in *Lexikalische Elemente*, ab Seite 21):

```
class MyComparisons {

    // Einen String dem Pool hinzufügen
    String first = "chairs";
    // Den String aus dem Pool verwenden
    String second = "chairs";
    // Einen neuen String erstellen
    String third = new String ("chairs");

    void myMethod() {

    // Obwohl viele das nicht erwarten würden,
    // wird das zu true ausgewertet. Überrascht?
    if (first == second) {
      System.out.println("first == second");
    }

    // Das wird zu true ausgewertet.
```

```
  if (first.equals(second)) {
    System.out.println("first equals second");
  }
  // Das wird zu false ausgewertet.
  if (first == third) {
    System.out.println("first == third");
  }
  // Das wird zu true ausgewertet.
  if (first.equals(third)) {
    System.out.println("first equals third");
  }
 } // Ende myMethod()
} //Ende Klasse
```

TIPP

Objekte der Klasse String sind unveränderlich, Objekte der Klassen StringBuffer und StringBuilder sind veränderlich.

Enumerationen vergleichen

enum-Werte können mit == oder mit der equals()-Methode verglichen werden. Beide liefern das gleiche Ergebnis. Bei Enumerationstypen wird der ==-Operator häufiger verwendet.

Referenztypen kopieren

Wenn Referenztypen kopiert werden, wird entweder eine Kopie der Referenz auf das Objekt erstellt oder die tatsächliche Kopie des Objekts, wodurch ein neues Objekt erstellt wird. Zweiteres wird in Java als *Klonen* bezeichnet.

Die Referenz auf ein Objekt kopieren

Wenn eine Referenz auf ein Objekt kopiert wird, erhält man ein Objekt, auf das zwei Referenzen zeigen. Im folgenden Beispiel wird closingSong eine Referenz auf das Objekt zugewiesen, auf das lastSong zeigt. Alle Änderungen, die an lastSong vorgenommen werden, werden von closingSong gespiegelt (wie umgekehrt auch):

```
Song lastSong = new Song();
Song closingSong = lastSong;
```

Objekte klonen

Klonen führt zu einer neuen Kopie des Objekts, nicht bloß zu einer
Kopie einer Referenz auf ein Objekt. Klonen steht Klassen standardmäßig nicht zur Verfügung. Beachten Sie, dass das Klonen in der
Regel äußerst komplex ist. Sie sollten deswegen als Alternative
einen Kopierkonstruktor erwägen:

- Wenn eine Klasse klonbar sein soll, muss sie das Interface
  Cloneable implementieren.

- Die geschützte Methode clone() ermöglicht es Objekten, sich
  selbst zu klonen.

- Soll ein Objekt ein anderes Objekt als sich selbst klonen, muss
  die clone()-Methode überschrieben und von dem Objekt, das
  geklont wird, öffentlich gemacht werden.

- Beim Klonen muss ein Cast verwendet werden, da clone() den
  Typ object liefert.

- Klonen kann eine CloneNotSupportedException auslösen.

Flaches und tiefes Klonen

Java kennt zwei Arten des Klonens: flaches und tiefes Klonen.

Beim flachen Klonen werden die elementaren Werte und die Referenzen in dem Objekt, das geklont wird, kopiert. Es werden keine
Kopien der Objekte erstellt, auf die diese Referenzen zeigen.

Im folgenden Beispiel werden leadingSong die Werte in length und
year zugewiesen, da das elementare Typen sind, und es werden die
Referenzen in title und artist zugewiesen, weil das Referenztypen
sind:

```
Class Song {
  String title;
  Artist artist;
  float length;
  int year;
  void setData() {...}
```

```
}
Song firstSong = new Song();
try {
  // Mit Klonen ein Kopie erstellen
  Song leadingSong = (Song)firstSong.clone();
} catch (CloneNotSupportedException cnse) {
  cnse.printStackTrace();
} // Ende
```

Beim tiefen Klonen erstellt das geklonte Objekt eine Kopie aller seiner Objektfelder und geht dabei rekursiv alle Objekte durch, die es referenziert. Methoden zum tiefen Klonen müssen vom Programmierer definiert werden, da die Java-API keine bereitstellt. Alternativen zum tiefen Klonen sind Serialisierung und Kopierkonstruktoren. (Kopierkonstruktoren werden der Serialisierung häufig vorgezogen.)

Speicherallozierung und die Garbage Collection von Referenztypen

Wird ein neues Objekt erstellt, wird Speicher alloziert. Wenn es keine Referenzen auf ein Objekt gibt, kann der von diesem Objekt beanspruchte Speicher während des Garbage Collection-Vorgangs zurückgewonnen werden. Mehr Informationen zu diesem Thema finden Sie in *Speicherverwaltung*, ab Seite 125.

KAPITEL 5

Objektorientierte Programmierung

Die grundlegenden Elemente der *objektorientierten Programmierung* (OOP) in Java sind unter anderem Klassen, Objekte und Interfaces.

Klassen und Objekte

Klassen definieren Entities, die üblicherweise etwas aus dem wahren Leben repräsentieren. Sie bestehen aus einem Satz von Werten, die Daten enthalten, und einem Satz von Methoden, die auf diesen Daten operieren.

Eine Instanz einer Klasse wird als *Objekt* bezeichnet und ist allozierter Speicher. Es kann mehrere Instanzen einer Klasse geben.

Klassen können Datenmember und Methoden von anderen Klassen erben. Eine Klasse kann unmittelbar von einer Klasse erben – der *Oberklasse* –, und sie kann nur eine direkte Oberklasse haben. Das bezeichnet man als *Vererbung*.

Bei der Implementierung einer Klasse sollten Sie darauf achten, dass die inneren Details einer Klasse private und nur über eine öffentliche Schnittstelle zugänglich sind. Dies wird *Kapselung* genannt. Die JavaBeans-Konvention ist, über Zugriffs- und Änderungsmethoden (z. B. getFirstName() und setFirstName("Leonardina")) indirekt auf die privaten Member einer Klasse zuzugreifen und zu sichern, dass andere Klassen private Member nicht unerwartet ändern können. Eine andere Möglichkeit, Datenmember vor der Veränderung durch andere Objekte zu schützen, ist, unveränderliche Werte zu liefern (d. h. Strings, elementare Werte und Objekte, die bewusst unveränderlich gemacht wurden).

Klassensyntax

Eine Klasse hat eine Signatur, optionale Konstruktoren, Datenmember und Methoden:

```
[Java-Modifizierer] class Klassenname
  [extends eineOberklasse]
  [implements einige durch Kommata getrennte Interfaces] {
  // Datenmember
  // Konstruktor(en)
  // Methode(n)
}
```

Eine Klasse instanziieren (ein Objekt erstellen)

Ein Objekt ist eine Instanz einer Klasse. Nach der Instanziierung haben Objekte ihre eigenen Sätze von Datenmembern und Methoden:

```
// Beispiel für Klassendeklarationen
public class Candidate {...}
class Stats extends ToolSet {...}


public class Report extends ToolSet
  implements Runnable {...}
```

Eigenständige Objekte der Klasse Candidate werden unter Verwendung des Schlüsselworts new erstellt (instanziiert):

```
Candidate candidate1 = new Candidate();
Candidate candidate2 = new Candidate();
```

Datenmember und Methoden

Datenmember, die auch als Felder bezeichnet werden, enthalten die Daten zu einer Klasse. Datenmember, die nicht statisch sind, werden auch als Instanzvariablen bezeichnet:

```
[JavaModifizierer] Typ DatenmemberName
```

Methoden operieren auf Klassendaten:

```
[JavaModifizierer] Typ Methodenname (Parameterliste)
[throws KommaSeparierteListeVonExceptions] {
  // Methodenrumpf
}
```

Das folgende Beispiel zeigt für die Klasse Candidate und ihre Datenmember und Methoden:

```
public class Candidate {
  // Datenmember oder Felder
  private String firstName;
  private String lastName;
  private int year;
  // Methoden
  public void setYear (int y) { year = y; }
  public String getLastName() {return lastName;}
} // Ende von class Candidate
```

Auf Datenmember und Methoden von Objekten zugreifen

Für den Zugriff auf die Datenmember und Methoden von Objekten
wird der Punktoperator (.) verwendet. Er muss jedoch nicht verwendet werden, wenn innerhalb eines Objekts auf Datenmember
oder Methoden zugegriffen wird:

```
candidate1.setYear(2016);
String name = getFirstName() + getLastName();
```

Überladen

Methoden, Konstruktoren eingeschlossen, können überladen werden. Überladen heißt, dass zwei oder mehr Methoden den gleichen
Namen, aber unterschiedliche Signaturen (Parameterlisten und
Rückgabewerte) haben. Beachten Sie, dass überladene Methoden
unterschiedliche Parameterlisten haben müssen und unterschiedliche Rückgabewerte haben können. Wenn sich nur der Rückgabetyp
unterscheidet, ist das kein Überladen. Die Zugriffsmodifizierer
überladender Methoden können unterschiedlich sein:

```
public class VotingMachine {
  ...
```

```
    public void startUp() {...}
    private void startUp(int delay) {...}
}
```

Ist eine Methode überladen, können die verschiedenen Signaturen unterschiedliche Checked-Exceptions auslösen:

```
private String startUp(District d) throws new
IOException {...}
```

Überschreiben

Eine Unterklasse kann die Methoden überschreiben, die sie erbt. Eine überschreibende Methode hat die gleiche Signatur (Name und Parameter) wie die Methoden in ihrer Oberklasse, aber andere Implementierungsdetails.

Die Methode startUp() in der Oberklasse Display wird in der Klasse TouchScreenDisplay überschrieben:

```
public class Display {
  void startUp(){
    System.out.println("Einfaches Display verwenden.");
  }
}
public class TouchScreenDisplay extends Display {
    void startUp() {
    System.out.println("Besseres Display verwenden.");
  }
}
```

Beim Überschreiben von Methoden sind die folgenden Regeln zu beachten:

- Methoden, die nicht final, private oder static sind, dürfen überschrieben werden.

- Geschützte Methoden können Methoden überschreiben, die keine Zugriffsmodifizierer haben.

- Die überschreibende Methode darf keinen eingeschränkteren Zugriffsmodifizierer haben (z. B. package, public, private, protected) als die ursprüngliche Methode.

- Die überschreibende Methode darf keine neuen Checked-Exceptions auslösen.

Konstruktoren

Konstruktoren werden bei der Objekterstellung aufgerufen und dazu genutzt werden, die Daten im neu erstellten Objekt zu initialisieren. Konstruktoren sind optional, haben genau den gleichen Namen wie die Klasse und enthalten (im Unterschied zu Methoden) keine return-Anweisungen.

Eine Klasse kann mehrere Konstruktoren haben. Der Konstruktor, der aufgerufen wird, wenn ein neues Objekt erstellt wird, ist der mit der passenden Signatur:

```
public class Candidate {
  ...
  Candidate(int id) {
    this.identification = id;
  }
  Candidate(int id, int age) {
    this.identification = id;
    this.age = age;
  }
}
// Ein neues Candidate-Objekt erstellen
Candidate candidate = new Candidate(id);
```

Klassen haben implizit einen argumentlosen Konstruktor, wenn kein expliziter Konstruktor vorhanden ist. Beachten Sie, dass es keinen argumentlosen Konstruktor gibt, wenn Sie einen Konstruktor mit Argumenten definieren, es sei denn, Sie definieren ebenfalls einen argumentlosen Konstruktor.

Oberklassen und Unterklassen

In Java kann eine Klasse (die als *Unterklasse* bezeichnet wird) direkt von einer Klasse erben (die als *Oberklasse* bezeichnet wird). Das Java-Schlüsselwort extends zeigt an, dass eine Klasse die Datenmember und Methoden einer anderen Klasse erbt. Unterklassen haben keinen direkten Zugriff auf private-Member ihrer Oberklasse, können aber auf die public- und protected-Member der Oberklasse zugreifen. Eine Unterklasse hat auch Zugriff auf die Member der Oberklasse, wenn sie sich im gleichen Package befinden (*Package-Zugriff* oder protected). Wie bereits erwähnt, bieten Zugriffs-

und Änderungsmethoden einen Mechanismus für den indirekten Zugriff auf die private-Member einer Klasse, die in einer Oberklasse eingeschlossen:

```
public class Machine {
  boolean state;
  void setState(boolean s) {state = s;}
  boolean getState() {return state;}
}
public class VotingMachine extends Machine {
  ...
}
```

Das Schlüsselwort super im Standardkonstruktor der Klasse Curtain wird verwendet, um auf Methoden in der Oberklasse zuzugreifen, die von Methoden in der Unterklasse überschrieben werden:

```
public class PrivacyWall {
  public void printSpecs() {...}

}
public class Curtain extends PrivacyWall {
  public void printSpecs() {

    ...
    super.printSpecs();
  }
}
```

Eine weitere verbreitete Verwendung des Schlüsselworts super ist der Aufruf des Konstruktors einer Oberklasse zur Übergabe von Parametern. Beachten Sie, dass das die erste Anweisung in dem Konstruktor sein muss, der super aufruft:

```
public PrivacyWall(int l, int w) {
  int length = l;
  int width = w;
}

public class Curtain extends PrivacyWall {
  // Standardwerte für length und width setzen
  public Curtain()  {super(15, 25);}
}
```

Wenn es keinen expliziten Aufruf des Konstruktors der Oberklasse gibt, erfolgt automatisch ein Aufruf des argumentlosen Konstruktors der Oberklasse.

Das Schlüsselwort this

Das Schlüsselwort this wird üblicherweise für drei Dinge verwendet: um auf das aktuelle Objekt zu verweisen, um einen Konstruktor aus einem anderen Konstruktor der gleichen Klasse aufzurufen und um eine Referenz auf das aktuelle Objekt an ein anderes Objekt zu übergeben.

So weisen Sie einen Parameter einer Instanzvariablen des aktuellen Objekts zu:

```
public class Curtain extends PrivacyWall {
  String color;
  public void setColor(String color) {
    this.color = color;
  }
}
```

Und so rufen Sie einen Konstruktor aus einem anderen Konstruktor der gleichen Klasse auf:

```
public class Curtain extends PrivacyWall {
  public Curtain(int length, int width) {}
  public Curtain() {this(10, 9);}
}
```

Eine Referenz auf das aktuelle Objekt übergeben Sie folgendermaßen an ein anderes Objekt:

```
// Den Inhalt dieses Objekts ausgeben
System.out.println(this);

public class Builder {
  public void setWallType(Curtain c) {...}
}
```

Argumentlisten variabler Länge

Seit Java 5.0 können Methoden eine Argumentliste variabler Länge haben. Diese als *Varargs-Methoden* bezeichneten Methoden werden so deklariert, dass das letzte (und nur das letzte) Argument beim Aufruf der Methode null oder mehrmals angegeben werden kann. Der Varargs-Parameter kann einen elementaren Typ oder einen Objekttyp haben. In der Argumentliste der Methodensignatur wird eine Ellipse (...) verwendet, um eine Methode als Varargs-Methode zu deklarieren. Die Syntax des Varargs-Parameters sieht so aus:

```
Typ... Parametername
```

Hier ist ein Beispiel für die Signatur einer Varargs-Methode:

```
public setDisplayButtons(int row,
  String... names) {...}
```

Der Compiler verändert Varargs-Methoden so, dass sie wie gewöhnliche Methoden aussehen. Bei der Kompilierung würde dieses Beispiel folgendermaßen geändert:

```
public setDisplayButtons(int row,
  String [] names) {...}
```

Eine Varargs-Methode kann nur einen Varargs-Parameter haben:

```
// Null oder mehr Zeilen
public void setDisplayButtons (String... names)
{...}
```

Eine Varargs-Methode wird genau so aufgerufen wie eine gewöhnliche Methode, sie kann aber eine beliebige Anzahl von Parametern für das letzte Argument annehmen:

```
setDisplayButtons("Jim");
setDisplayButtons("John", "Mary", "Pete");
setDisplayButtons("Sue", "Doug", "Terry", "John");
```

Die printf-Methode wird häufig verwendet, um eine beliebige Menge von Ausgaben zu formatieren, weil printf eine Varargs-Methode ist. Folgendes ist ein Auszug aus der Java-API:

```
public PrintStream printf(String format,
  Object... args)
```

Aufgerufen wird di printf-Methode mit einem Formatstring und einem variablen Satz von Objekten:

```
System.out.printf("Hallo Wähler %s%n
  Dies ist Wahlautomat %d%n", "Sally", 1);
```

Ausführliche Informationen zur Formatierung eines an printf übergebenen Strings finden Sie unter java.util.Formatter.

Häufig wird die verbesserte for-Schleife (foreach) verwendet, um das variable Argument zu durchlaufen:

```
printRows() {
  for (String name: names)
    System.out.println(name);
}
```

Abstrakte Klassen und Methoden

Abstrakte Klassen und Methoden werden mit dem Schlüsselwort abstract deklariert.

Abstrakte Klassen

Eine abstrakte Klasse wird üblicherweise als Basisklasse verwendet und darf nicht instanziiert werden. Sie kann abstrakte und nicht abstrakte Methoden enthalten und kann die Unterklasse einer abstrakten oder nicht abstrakten Klasse sein. Alle ihre abstrakten Methoden müssen von den Klassen definiert werden, die sie erweitern (extend), es sei denn, diese Unterklassen sind ebenfalls abstrakt:

```
public abstract class Alarm {
  public void reset() {...}
  public abstract void renderAlarm();
}
```

Abstrakte Methoden

Eine abstrakte Methode enthält nur die Methodendeklaration, die von einer anderen, nicht abstrakten Klasse definiert werden muss, die sie erbt:

```
public class DisplayAlarm extends Alarm {
  public void renderAlarm() {
    System.out.println("Alarm! Alarm.");
  }
}
```

Statische Datenmember, statische Methoden, statische Konstanten und statische Initialisierer

Statische Datenmember, Methoden, Konstanten und Initialisierer sind auf die Klasse bezogen und nicht auf die Instanzen von Klassen. Auf statische Datenmember, Methoden und Konstanten kann in der Klasse zugegriffen werden, in der sie definiert werden, oder aus einer anderen Klasse unter Verwendung des Punktoperators.

Statische Datenmember

Statische Datenmember haben die gleichen Eigenschaften wie statische Methoden und werden an einem einzigen Speicherort festgehalten.

Sie werden genutzt, wenn über alle Instanzen einer Klasse hinweg nur eine Kopie eines Datenmembers benötigt wird (z. B. für einen Zähler):

```
// Ein statisches Datenmember deklarieren
public class Voter {
  static int voterCount = 0;
  public Voter() { voterCount++;}
  public static int getVoterCount() {
    return voterCount;
  }
}
...
int numVoters = Voter.voterCount;
```

Statische Methoden

Die Methodendeklaration statischer Methoden enthält das Schlüsselwort static:

```
// Eine statische Methode deklarieren
class Analyzer {
  public static int getVotesByAge() {...}
}
// Die statische Methode verwenden
Analyzer.getVotesByAge();
```

Statische Methoden dürfen nicht auf nicht statische Methoden oder Variablen zugreifen, weil statische Methoden mit einer Klasse, nicht mit einem Objekt verbunden sind.

Statische Konstanten

Statische Konstanten sind statische Member, die als konstant deklariert sind. Sie sind mit den Schlüsselwörtern static und final versehen und können in einem Programm nicht geändert werden:

```
// Eine statische Konstante deklarieren
static final int AGE_LIMIT = 18;
// Eine statische Konstante verwenden
if (age == AGE_LIMIT)
  newVoter = "yes";
```

Statische Initialisierer

Statische Initialisierer enthalten einen Block Code, dem das Schlüsselwort static voransteht. Eine Klasse kann eine Vielzahl von statischen Initialisierungsblöcken haben, und es ist garantiert, dass sie in der Reihenfolge ausgeführt werden, in der sie im Code stehen. Statische Initialisierungsblöcke werden nur ein Mal pro Klasseninitialisierung ausgeführt. Ein Block wird ausgeführt, wenn der JVM-Klassenloader StaticClass lädt; dies erfolgt bei der ersten Referenzierung des Codes.

```
// Statischer Initialisierer
static {
  numberOfCandidates = getNumberOfCandidates();
}
```

Interfaces

Interfaces bieten einen Satz als public deklarierter Methoden, die keinen Methodenrumpf haben. Eine Klasse, die ein Interface implementiert, muss eine konkrete Implementierung aller Methoden bieten, die von diesem Interface deklariert werden, oder sie muss als abstrakt deklariert werden.

Ein Interface wird mit dem Schlüsselwort interface deklariert, auf das der Name des Interface und ein Satz von Methodendeklarationen folgen.

Interface-Namen sind üblicherweise Adjektive, die auf »able« oder »ible« enden, da Interfaces Fähigkeiten bieten:

```
interface Reportable {
  void genReport(String repType);
  void printReport(String repType);
}
```

Eine Klasse, die ein Interface implementiert, muss das in der Klassensignatur mit dem Schlüsselwort implements anzeigen:

```
class VotingMachine implements Reportable {
  public void genReport (String repType) {
    Report report = new Report(repType);
  }
  public void printReport(String repType) {
    System.out.println(repType);
  }
}
```

TIPP

Klassen können mehrere Interfaces implementieren, und Interfaces können mehrere andere Interfaces erweitern.

Enumerationen

In ihrer einfachsten Form sind Enumerationen Sammlungen von Objekten, die eine Auswahl aufeinander bezogener Optionen repräsentieren:

```
enum DisplayButton {ROUND, SQUARE}
DisplayButton round = DisplayButton.ROUND;
```

Über diese einfachste Form hinaus ist eine Enumeration eine Klasse des Typs enum und ein Singleton. Enum-Klassen können Methoden, Konstruktoren und Datenmember haben:

```
enum DisplayButton {
    // Größe in Zoll
    ROUND (.50f),
    SQUARE (.40f);
    private final float size;
    DisplayButton(float size) {this.size = size;}
    private float size()  { return size; }
}
```

Die Methode values() liefert ein Array mit einer geordneten Liste der Objekte, die für das Enum definiert sind:

```
for (DisplayButton b : DisplayButton.values())
    System.out.println("Button: " + b.size());
```

Annotationstypen

Annotationen bieten eine Möglichkeit, zur Kompilier- und zur Laufzeit Metadaten (Daten über Daten) mit Programmelementen zu verknüpfen. Packages, Klassen, Methoden, Felder, Parameter, Variablen und Konstruktoren können mit Annotationen versehen werden.

Eingebaute Annotationen

Java-Annotationen bieten eine Möglichkeit, Metadaten zu einer Klasse zu erhalten. Java hat drei eingebaute Annotationstypen, die in Tabelle 5-1 vorgestellt werden. Diese Annotationstypen sind Teil des Packages java.lang.

Annotationen müssen unmittelbar vor dem mit ihnen versehenen Element angegeben werden. Sie haben keine Parameter und lösen keine Exceptions aus. Annotationen liefern elementare Typen, Enumerationswerte, Werte der Klassen Strings und Class, Annotationen und Arrays (dieser Typen).

Tabelle 5-1: Eingebaute Annotationen

Annotationstyp	Beschreibung
@Override	Zeigt an, dass eine Methode eine Methode in einer Oberklasse überschreiben soll.
@Deprecated	Zeigt an, dass eine veraltete API genutzt oder überschrieben wird.
@SuppressWarnings	Wird genutzt, um ausgewählte Warnungen zu unterdrücken.

Hier sehen Sie ein Beispiel für die Verwendung von Annotationen:

```
@Override
  public String toString() {
    return super.toString() + " mehr";
  }
```

Da @Override eine Markierungsannotation ist, wird eine Compiler-warnung ausgelöst, wenn die Methode, die überschrieben werden soll, nicht gefunden werden kann.

Benutzerdefinierte Annotationen

Entwickler können ihre eigenen Annotationen erstellen. Es gibt drei Annotationstypen. Eine *Markierungsannotation* hat keine Parameter, eine *Ein-Wert-Annotation* hat genau einen Parameter, und eine *Mehrere-Werte-Annotation* hat mehrere Parameter.

Die Definition einer Annotation besteht aus dem Symbol @, dem Wort interface und dem Namen der Annotation.

Wiederholte Annotationen sind zulässig.

Die Metaannotation Retention zeigt an, dass eine Annotation von der VM festgehalten werden soll, damit sie zur Laufzeit gelesen werden kann. Retention befindet sich im Package java.lang.annotation:

```
@Retention(RetentionPolicy.RUNTIME)
public @interface Feedback {} // Markierung
public @interface Feedback {
  String reportName();
} // Ein Wert
public @interface Feedback {
  String reportName();
  String comment() default "None";
} // Mehrere Werte
```

Geben Sie die benutzerdefinierte Annotation unmittelbar vor dem zu annotierenden Element an:

```
@Feedback(reportName="Bericht 1")
public void myMethod() {...}
```

Programme können das Vorhandensein von Annotationen prüfen und die Annotationswerte abrufen, indem sie auf einer Methode getAnnotation() aufrufen:

```
Feedback fb =
  myMethod.getAnnotation(Feedback.class);
```

Die *Type Annotations Specification* (auch bekannt als »JSR 308«) gestattet es, dass Annotationen in Array-Positionen und bei generischen Typargumenten angegeben werden. Annotationen können auch bei Oberklassen, implementierten Interfaces, Casts, instance-of-Prüfungen, Exception-Angaben, Jokerzeichen, Methodenreferenzen und Konstruktorreferenzen angegeben werden.

Funktionelle Interfaces

Ein funktionelles Interface, aka *Single Abstract Method*-Interface (kurz SAM), ist ein Inteface, das lediglich eine einzige abstrakte Methode definiert. Die Annotation @FunctionalInterface kann vor einem Interface angegeben werden, um zu erklären, dass es als funktionelles Interface gedacht ist. Ein Interface kann eine beliebige Anzahl von normalen Methoden haben.

```
@FunctionalInterface
  public interface InterfaceName {

  // Nur eine abstrakte Methode erlaubt
  public void doAbstractTask();

  // Viele gewöhnliche Methoden erlaubt
  default public void performTask1(){
    System.out.println("Nachricht von Task 1.");
  }
  default public void performTask2(){
    System.out.println("Nachricht von Task 2.");
  }
}
```

Instanzen funktioneller Interfaces können mit Lambda-Ausdrücken, Methodenreferenzen oder Konstruktorreferenzen erstellt werden.

KAPITEL 6

Anweisungen und Blöcke

Eine Anweisung ist ein einzelner Befehl, der eine Aktion umsetzt, wenn er vom Java-Interpreter ausgeführt wird:

```
GigSim simulator = new GigSim("Spielen wir Gitarre!");
```

Anweisungen umfassen in Java Ausdrucksanweisungen, leere Anweisungen, Blöcke, Bedingungsanweisungen, Iterationsanweisungen, Kontrollflussanweisungen, Variablenanweisungen, Exception-Handling, markierte Anweisungen, Assert-Anweisungen und synchronisierte Anweisungen.

In Anweisungen werden die folgenden in Java reservierten Wörter verwendet: if, else, switch, case, while, do, for, break, continue, return, synchronized, throw, try, catch, finally und assert.

Ausdrucksanweisungen

Eine Ausdrucksanweisung ist eine Anweisung, die den Zustand im Programm ändert. Es ist ein Java-Ausdruck, der mit einem Semikolon endet. Zu Ausdrucksanweisungen zählen Zuweisungen, Prä- und Postfix-Inkrement und -Dekrement, Objekterstellung und Methodenaufrufe. Nachfolgend sehen Sie Beispiele für Ausdrucksanweisungen:

```
isWithinOperatingHours = true;
++fret; patron++; --glassOfWater; pick--;
Guitarist guitarist = new Guitarist();
guitarist.placeCapo(guitar, capo, fret);
```

Die leere Anweisung

Die leere Anweisung stellt keine neue Funktionalität bereit und wird entweder mit einem einzelnen Semikolon (;) oder einem leeren Block {} angegeben.

Blöcke

Eine Gruppe von Anweisungen wird als Block oder Anweisungsblock bezeichnet. Ein Block von Anweisungen steht innerhalb von geschweiften Klammern. Variablen und Klassen, die im Block deklariert werden, nennt man lokale Variablen bzw. lokale Klassen. Der Geltungsbereich lokaler Klassen und Variablen ist der Block, in dem sie deklariert werden.

In Blöcken werden Anweisungen nacheinander in der Reihenfolge ihres Auftretens oder in der durch den Kontrollfluss gesteuerten Abfolge ausgeführt. Nachfolgend sehen Sie ein Beispiel für einen Block:

```
static {
  GigSimProperties.setFirstFestivalActive(true);
  System.out.println("Das erste Festival hat begonnen");
  gigsimLogger.info("Simulator hat 1. Festival begonnen");
}
```

Bedingungsanweisungen

if, if else und if else if sind entscheidungsbasierte Kontrollflussanweisungen. Sie werden genutzt, um Anweisungen bedingt auszuführen. Der Ausdruck für alle derartigen Anweisungen muss den Typ Boolean oder boolean haben. Boolean-Werte werden dem Unboxing unterzogen und automatisch in boolean-Werte umgewandelt.

Die if-Anweisung

Die if-Anweisung besteht aus einem Ausdruck und einer Anweisung oder einem Block von Anweisungen, die/der ausgeführt wird, wenn der Ausdruck zu true ausgewertet wird:

```
Guitar guitar = new Guitar();
guitar.addProblemItem("Tremolo");
if (guitar.isBroken()) {
  Luthier luthier = new Luthier();
  luthier.repairGuitar(guitar);
}
```

Die if-else-Anweisung

Wird mit dem if ein else genutzt, wird der erste Anweisungsblock
ausgeführt, wenn der Ausdruck zu true ausgewertet wird; andernfalls wird der Anweisungsblock nach dem else ausgeführt:

```
CoffeeShop coffeeshop = new CoffeeShop();
if (coffeeshop.getPatronCount() > 5) {
  System.out.println("Gig spielen.");
} else {
  System.out.println("Ohne Bezahlung abziehen.");
}
```

Die if-else-if-Anweisung

if else if wird üblicherweise genutzt, wenn mehrere Codeblöcke
bedingt ausgewertet werden müssen. Sind die Ausführungskriterien
für keinen der Blöcke erfüllt, wird der Codeblock beim letzten else
ausgeführt:

```
ArrayList<Song> playList = new ArrayList<>();
Song song1 = new Song("Mister Sandman");
Song song2 = new Song("Amazing Grace");
playList.add(song1);
playList.add(song2);
...
int numOfSongs = playList.size();
if (numOfSongs <= 24) {
  System.out.println("Nicht engagieren");
} else if ((numOfSongs > 24) & (numOfSongs < 50)){
  System.out.println("Für einen Abend engagieren");
} else if ((numOfSongs >= 50)) {
  System.out.println("Für zwei Abende engagieren");
} else {
  System.out.println("Für eine Woche engagieren");
}
```

Die switch-Anweisung

Die switch-Anweisung ist eine Kontrollflussanweisung, die mit einem Ausdruck beginnt und die Ausführung auf Basis des Werts des Ausdrucks an eine der case-Anweisungen übergibt. switch funktioniert mit den elementaren Typen char, byte, short, int, den entsprechenden Wrapper-Typen Character, Byte, Short und Integer sowie den Enumerationstypen und dem Typ String. Die Unterstützung für String-Objekte wurde in Java SE 7 eingeführt. Die break-Anweisung wird eingesetzt, um aus einer switch-Anweisung auszubrechen. Enthält eine case-Anweisung kein break, wird die Codezeile nach dem Ende des case-Blocks ausgeführt.

Das wird fortgesetzt, bis entweder eine break-Anweisung oder das Ende der switch-Anweisung erreicht ist. Ein default-Label ist gestattet und wird der Lesbarkeit halber häufig am Ende aufgeführt:

```
String style;
String guitarist = "Eric Clapton";
...
switch (guitarist) {
  case "Chet Atkins":
    style = "Nashville-Sound";
    break;
  case "Thomas Emmanuel":
    style = "Complex Fingerstyle";
    break;
  default:
    style = "Unbekannt";
    break;
}
```

Iterationsanweisungen

Die for-Schleife, die verbesserte for-Schleife, die while- und die do-while-Anweisungen sind Iterationsanweisungen. Sie werden genutzt, um Codeblöcke zu wiederholen.

Die for-Schleife

Die for-Anweisung hat drei Teile: Initialisierung, Ausdruck und Aktualisierung. Wie das nächste Beispiel zeigt, muss die Variable in der Anweisung (hier i) vor der Verwendung initialisiert werden. Der Ausdruck (hier i<bArray.length) wird ausgewertet, bevor die Aktualisierung der Schleifenbedingung erfolgt (hier i++). Die Schleife wird nur durchlaufen, wenn der Ausdruck true ist, und die Aktualisierung erfolgt erst, nachdem der Schleifencode ausgeführt wurde:

```
Banjo [] bArray = new Banjo[2];
bArray[0] = new Banjo();
bArray[0].setManufacturer("Windsor");
bArray[1] = new Banjo();
bArray[1].setManufacturer("Gibson");
for (int i=0; i<bArray.length; i++){
   System.out.println(bArray[i].getManufacturer());
}
```

Die verbesserte for-Schleife

Die verbesserte for-Schleife, auch »for in«-Schleife bzw. »for each«-Schleife genannt, wird zur Iteration über ein iterierbares Objekt oder Array verwendet. Die Schleife wird einmal für jedes Element des Arrays oder der Collection ausgeführt und nutzt keinen Zähler, weil die Anzahl an Iterationen bereits vorab festgelegt ist:

```
ElectricGuitar eGuitar1 = new ElectricGuitar();
eGuitar1.setName("Blackie");
ElectricGuitar eGuitar2 = new ElectricGuitar();
eGuitar2.setName("Lucille");
ArrayList <ElectricGuitar> eList = new ArrayList<>();
eList.add(eGuitar1); eList.add(eGuitar2);
for (ElectricGuitar e : eList) {
   System.out.println("Name:" + e.getName());
}
```

Die while-Schleife

In einer while-Anweisung wird zunächst der Ausdruck ausgewertet. Die Schleife wird nur dann ausgeführt, wenn der Ausdruck mit true ausgewertet wird. Der Ausdruck muss den Typ boolean oder Boolean haben:

```
int bandMembers = 5;
while (bandMembers > 3) {
```

```
    CoffeeShop c = new CoffeeShop();
    c.performGig(bandMembers);
    Random generator = new Random();
    bandMembers = generator.nextInt(7) + 1; // 1-7
}
```

Die do-while-Schleife

In einer do-while-Anweisung wird die Schleife immer mindestens
einmal und anschließend so solange ausgeführt, wie der Schleifen-
ausdruck true ist. Der Ausdruck muss den Typ boolean oder Boolean haben:

```
int bandMembers = 1;
do {
    CoffeeShop c = new CoffeeShop();
    c.performGig(bandMembers);
    Random generator = new Random();
    bandMembers = generator.nextInt(7) + 1; // 1-7
} while (bandMembers > 3);
```

Kontrollflussübergabe

Kontrollflussübergabeanweisungen werden verwendet, um den
Kontrollfluss in einem Programm zu ändern. Zu diesen Anweisungen zählen break, continue und return.

Die break-Anweisung

Ein break-Anweisung ohne Marke wird verwendet, um eine switch-
Anweisung zu verlassen oder unmittelbar aus dem Schleifenrumpf
auszubrechen, der sie enthält. Als Schleifenrumpf wird der Codeblock betrachtet, der mit der for-Schleife, der verbesserten for-
Schleife sowie mit den Iterationsanweisungen while und do while
verbunden ist:

```
Song song = new Song("Pink Panther");
Guitar guitar = new Guitar();
int measure = 1; int lastMeasure = 10;
while (measure <= lastMeasure) {
    if (guitar.checkForBrokenStrings()) {
        break;
    }
```

```
    song.playMeasure(measure);
    measure++;
  }
```

Eine break-Anweisung mit Marke erzwingt den Abbruch der Schleifenanweisung, die unmittelbar auf die Marke folgt. Marken werden
üblicherweise mit for- und while-Schleifen verwendet, wenn es
geschachtelte Schleifen gibt und die Schleife, die verlassen werden
soll, explizit identifiziert werden muss. Eine Schleife oder Anweisung markieren Sie, indem Sie die Marke unmittelbar vor der entsprechenden Schleife oder Anweisung angeben, wie Sie es hier
sehen:

```
...
playMeasures:
while (isWithinOperatingHours()) {
  while (measure <= lastMeasure) {
    if (guitar.checkForBrokenStrings()) {
      break playMeasures;
    }
    song.playMeasure(measure);
    measure++;
  }
} // Verlässt diese Schleife
```

Die continue-Anweisung

Eine continue-Anweisung ohne Marke beendet die Ausführung der
aktuellen for-Schleife, der verbesserten for-Schleife, der while- oder
der do-while-Anweisung und beginnt die nächste Iteration der
Schleife. Die Regeln für die Prüfung der Schleifenbedingung werden
angewandt. Eine continue-Anweisung mit Marke erzwingt die
nächste Iteration der Schleifenanweisung, die unmittelbar auf die
Marke folgt:

```
for (int i=0; i<25; i++) {
  if (playList.get(i).isPlayed()) {
    continue;
  } else {
    song.playAllMeasures();
  }
}
```

Die return-Anweisung

Die return-Anweisung wird genutzt, um eine Methode zu verlassen und einen Wert zurückzuliefern, falls die Methode einen Rückgabewert angibt:

```
private int numberOfFrets = 18; // Standard
...
public int getNumberOfFrets() {
  return numberOfFrets;
}
```

Die return-Anweisung ist optional, wenn sie die letzte Anweisung in einer Methode angibt, die keinen Wert zurückliefert.

synchronized-Anweisung

Das Java-Schlüsselwort synchronized kann verwendet werden, um den Zugriff auf bestimmte Codeabschnitte (beispielsweise vollständige Methoden) auf einen einzigen Thread zu beschränken. Es bietet eine Möglichkeit, den Zugriff auf Ressourcen zu steuern, die von mehreren Threads geteilt werden. Mehr Informationen finden Sie in *Nebenläufigkeit*, ab Seite 149.

assert-Anweisung

Zusicherungen sind Boolesche Ausdrücke, die eingesetzt werden, um bei der Ausführung im Debugging-Modus zu prüfen, ob sich Code wie erwartet verhält (d. h. bei aktiviertem -enableassertions oder -ea). Zusicherungen werden wie folgt geschrieben:

```
assert Boolescher_Ausdruck;
```

Zusicherungen helfen Ihnen, Fehler einschließlich unerwarteter Werte leichter zu finden. Sie sind dazu gedacht, Annahmen zu überprüfen, die immer true sein sollten. Bei der Ausführung im Debugging-Modus wird ein java.lang.AssertionError ausgelöst, und das Programm wird beendet, wenn eine Zusicherung mit false ausgewertet wird; andernfalls geschieht nichts. Zusicherungen müssen explizit aktiviert werden. Die Kommandozeilenargumente für die Aktivierung von Zusicherungen finden Sie in *Grundbausteine für die Java-Entwicklung*, ab Seite 113.

```
// 'Strings' sollte 4, 5, 6, 7, 8 oder 12 sein
assert (strings == 12 ||
  (strings >= 4 && strings <= 8));
```

Zusicherungen können auch so geschrieben werden, dass sie einen optionalen Fehlercode einschließen. Wenngleich man von einem Fehlercode spricht, ist es eigentlich nur ein Text oder Wert, der rein zu Informationszwecken verwendet wird.

Wenn eine Zusicherung, die einen Fehlercode enthält, zu false ausgewertet wird, wird der Fehlercode in einen String umgewandelt und dem Benutzer angezeigt, unmittelbar bevor das Programm beendet wird:

```
assert Boolescher_Ausdruck : Fehlercode;
```

Ein Beispiel für eine Zusicherung, die einen Fehlercode verwendet, sieht so aus:

```
// Zeigt den Stringwert 'Ungültige Seitenanzahl' an
assert (strings == 12 ||
  (strings >= 4 && strings <= 8))
  : "Ungültige Seitenanzahl: " + strings;
```

Exception-Handling-Anweisungen

Exception-Handling-Anweisungen werden genutzt, um Code anzugeben, der unter ungewöhnlichen Umständen zur Ausführung kommt. Für das Exception-Handling werden die Schlüsselwörter throw und try/catch/finally verwendet. Weitere Informationen zum Exception-Handling finden Sie in *Exception-Handling*, ab Seite 81.

KAPITEL 7

Exception-Handling

Eine *Exception* ist eine ungewöhnliche Bedingung, die den Kontrollfluss ändert oder unterbricht. Java bietet ein eingebautes Exception-Handling zur Verarbeitung solcher Bedingungen. Exception-Handling sollte nicht Teil des normalen Programmablaufs sein.

Die Exception-Hierarchie

Wie Abbildung 7-1 zeigt, erben alle Exceptions und Errors von der Klasse Throwable, die von der Klasse Object erbt.

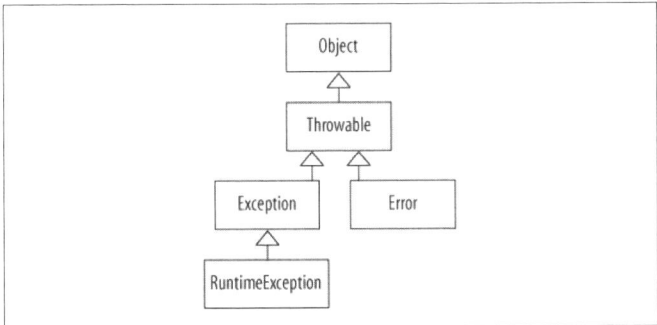

Abbildung 7-1: Die Exception-Hierarchie

Checked-/Unchecked-Exceptions und Errors

Es gibt drei Kategorien von Exceptions und Errors: Checked-Exceptions (geprüfte Exceptions), Unchecked-Exceptions (ungeprüfte Exceptions) und Errors (Fehler).

Checked-Exceptions

- Checked-Exceptions werden bei der Kompilierung vom Compiler geprüft.

- Methoden, die eine Checked-Exception auslösen, müssen das in der Methodendeklaration mit der throws-Klausel anzeigen. Das muss den ganzen Aufrufstapel hinauf der Fall sein, bis die Exception verarbeitet wird.

- Alle Checked-Exceptions müssen explizit mit einem catch-Block abgefangen werden.

- Checked-Exceptions sind Exceptions des Typs Exception und aller Klassen, die Unterklassen von Exception sind, abgesehen von RuntimeException und Unterklassen von RuntimeException.

Das Folgende ist ein Beispiel für eine Methode, die eine Checked-Exception auslöst:

```
// Methodendeklaration, die throws nutzt,
// um eine IOException zu deklarieren
void readFile(String filename)
  throws IOException {
  ...
}
```

Unchecked-Exceptions

- Unchecked-Exceptions werden vom Compiler bei der Kompilierung nicht geprüft.

- Unchecked-Exceptions treten bei der Ausführung aufgrund von Programmierfehlern (Indizes außerhalb der Grenzen, Division durch null, Null-Zeiger-Ausnahmen) auf oder weil Systemressourcen erschöpft sind.

- Unchecked-Exceptions müssen nicht abgefangen werden.

- Methoden, die eine Unchecked-Exception auslösen können, müssen das in der Methodendeklaration nicht anzeigen (können es aber).
- Unchecked-Exceptions sind alle Exceptions des Typs `RuntimeException` und aller Klassen, die Unterklassen von `RuntimeException` sind.

Error

- Ein Error (Fehler) ist in der Regel ein ernsthafter und nicht reparierbarer Zustand.
- Errors werden nicht bei der Kompilierung geprüft und müssen nicht abgefangen/verarbeitet werden (können es aber).

TIPP

Checked-Exceptions, Unchecked-Exceptions und Errors können alle abgefangen werden.

Verbreitete Checked-/Unchecked-Exceptions und Errors

Es gibt verschiedene Checked-Exceptions, Unchecked-Exceptions und Errors, die Teil der Standard-Java-Plattform sind. Manche davon treten häufiger auf als andere.

Häufig auftretende Checked-Exceptions

`ClassNotFoundException`
Wird ausgelöst, wenn eine Klasse nicht geladen werden kann, weil ihre Definition nicht gefunden wird.

`IOException`
Wird ausgelöst, wenn eine I/O-Operation fehlschlägt oder unterbrochen wird. Zwei verbreitete Untertypen von `IOException` sind `EOFException` und `FileNotFoundException`.

`FileNotFoundException`
Wird ausgelöst, wenn versucht wird, eine Datei zu öffnen, die nicht gefunden wird.

`SQLException`
Wird ausgelöst, wenn ein Datenbankfehler auftritt.

`InterruptedException`
Wird ausgelöst, wenn ein Thread unterbrochen wird.

`NoSuchMethodException`
Wird ausgelöst, wenn eine Methode nicht gefunden wird.

`CloneNotSupportedException`
Wird ausgelöst, wenn `clone()` für ein Objekt aufgerufen wird, das Klonen nicht unterstützt.

Häufig auftretende Unchecked-Exceptions

`ArithmeticException`
Wird ausgelöst, um anzuzeigen, dass es bei einer arithmetischen Operation zu einer fehlerhaften Bedingung gekommen ist.

`ArrayIndexOutOfBoundsException`
Wird ausgelöst, um anzuzeigen, dass ein Index außerhalb des Bereichs liegt.

`ClassCastException`
Wird ausgelöst, um anzuzeigen, dass versucht wurde, ein Objekt auf eine Unterklasse zu casten, von der es keine Instanz ist.

`DateTimeException`
Wird ausgelöst, um anzuzeigen, dass es Probleme bei der Erstellung, Abfrage oder Bearbeitung von Objekten gibt, die sich auf Datum/Zeit beziehen.

`IllegalArgumentException`
Wird ausgelöst, um anzuzeigen, dass einer Methode ein ungültiges Argument übergeben wurde.

`IllegalStateException`
Wird ausgelöst, um anzuzeigen, dass eine Methode zu einem ungeeigneten Zeitpunkt aufgerufen wurde.

`IndexOutOfBoundsException`
> Wird ausgelöst, um anzuzeigen, dass ein Index außerhalb des Bereichs liegt.

`NullPointerException`
> Wird ausgelöst, wenn Code ein null-Objekt referenziert, obwohl ein Nicht-null-Objekt erforderlich wäre.

`NumberFormatException`
> Wird ausgelöst, um einen ungültigen Versuch anzuzeigen, einen String in einen numerischen Typ umzuwandeln.

`UncheckedIOException`
> Verpackt eine IOException in eine Unchecked-Exception.

Häufig auftretende Errors

`AssertionError`
> Wird ausgelöst, um anzuzeigen, dass eine Zusicherung fehlgeschlagen ist.

`ExceptionInInitializeError`
> Wird ausgelöst, um eine unerwartete Exception in einem statischen Initialisierer anzuzeigen.

`VirtualMachineError`
> Wird ausgelöst, um ein Problem mit der JVM anzuzeigen.

`OutOfMemoryError`
> Wird ausgelöst, wenn kein Speicher mehr verfügbar ist, um Objekte zu allozieren oder eine Garbage Collection durchzuführen.

`NoClassDefFoundError`
> Wird ausgelöst, wenn die JVM eine Klassendefinition, die bei der Kompilierung noch gefunden wurde, nicht finden kann.

`StackOverflowError`
> Wird ausgelöst, um anzuzeigen, dass ein Stapelüberlauf eingetreten ist.

Exception-Handling-Schlüsselwörter

In Java wird der Code für die Fehlerbehandlung sauber von dem Code getrennt, der Fehler auslösen könnte. Führt Code zu einer Exception, sagt man, er »löse« eine Exception aus, während Code, der die Exception verarbeitet, diese »abfängt«:

```java
// Eine Exception deklarieren
public void methodA() throws IOException {
  ...
  throw new IOException();
  ...
}

// Eine Exception abfangen
public void methodB() {
  ...
  /* Ein Aufruf von methodA muss in einem try/catch-Block
  ** stehen, da die Exception geprüft ist; alternativ könnte
  ** methodB die Exception selbst deklarieren. */
  try {
      methodA();

  }catch (IOException ioe) {
    System.err.println(ioe.getMessage());
    ioe.printStackTrace();
  }
}
```

Das Schlüsselwort throw

Eine Exception lösen Sie mit dem Schlüsselwort throw aus. Es können alle Checked-/Unchecked-Exceptions und Errors ausgelöst werden:

```java
if (n == -1)
  throw new EOFException();
```

Die Schlüsselwörter try/catch/finally

Ausgelöste Exceptions werden in Java mit einem try, catch, finally-Block verarbeitet. Der Java-Interpreter sucht nach Code zur Verarbeitung der Exception, indem er sich zunächst den umschließenden Codeblock ansieht und die Exception dann im Aufrufstapel bis zu main() aufsteigen lässt, wenn das erforderlich ist. Wird die Exception nicht im Haupt-Thread (d. h. vom *Event Dispatch Thread* EDT) verarbeitet, wird das Programm abgebrochen und ein Stacktrace ausgegeben:

```
try {
  method();
} catch (EOFException eofe) {
  eofe.printStackTrace();
} catch (IOException ioe) {
  ioe.printStackTrace();
} finally {
  // Aufräumen
}
```

Die try/catch-Anweisung

Eine try/catch-Anweisung schließt einen try- und mindestens einen catch-Block ein.

Der try-Block enthält Code, der eine Exception auslösen könnte. Für alle Checked-Exceptions, die ausgelöst werden könnten, muss es einen catch-Block zur Verarbeitung der Exception geben. Wenn keine Exceptions ausgelöst werden, wird der try-Block normal beendet. Mit einem try-Block können catch-Klauseln zur Verarbeitung der Exceptions verbunden sein.

TIPP

Ein try-Block muss mit mindestens einem catch-Block oder alternativ mit einem finally-Block verbunden sein.

Zwischen dem try- und den (eventuellen) catch-Blöcken oder dem (eventuellen) finally-Block darf kein weiterer Code stehen.

catch-Blöcke enthalten Code zur Verarbeitung ausgelöster Exceptions. Dieser kann beinhalten, dass Informationen zu der Exception in einer Datei ausgegeben werden oder dass dem Benutzer die Möglichkeit gegeben wird, die richtigen Daten anzugeben. Beachten Sie, dass catch-Blöcke nie leer sein sollten, weil eine derartige »Unterdrückung« dazu führt, dass Exceptions verborgen werden. Das erschwert die Reparatur eventueller Fehler.

Die übliche Namenskonvention für den Parameter der catch-Klausel ist eine Buchstabenfolge, die alle Wörter im Namen der Exception repräsentiert:

```
catch (ArrayIndexOutOfBoundsException aioobe) {
    aioobe.printStackStrace();
}
```

In einer catch-Klausel kann, wenn das erforderlich ist, eine neue Exception ausgelöst werden.

Die Abfolge der catch-Klauseln in einem try/catch-Block definiert den Vorrang beim Abfangen von Exceptions. Beginnen Sie immer mit der spezifischsten Exception, die ausgelöst werden könnte, und schließen Sie mit der allgemeinsten.

TIPP

Exceptions, die im try-Block ausgelöst werden, werden an die erste catch-Klausel übergeben, die Argumente des gleichen Typs oder einer Oberklasse des Typs des Exception-Objekts erwartet. Der catch-Block mit einem Parameter des Typs Exception sollte immer der letzte in der Liste sein.

Wenn keiner der Parameter für die catch-Klauseln der ausgelösten Exception entspricht, sucht das System nach einem Parameter, der der Oberklasse der Exception entspricht.

Die try/finally-Anweisung

Die try/finally-Anweisung enthält einen try- und einen finally-Block.

Der finally-Block wird verwendet, um bei Bedarf Ressourcen freizugeben:

```
public void testMethod() throws IOException {
FileWriter fileWriter =
  new FileWriter("\\data.txt");
```

```
    try {
      fileWriter.write("Information...");
    } finally {
      fileWriter.close();
    }
  }
```

Dieser Block ist optional und wird nur verwendet, wenn es nötig ist. Wird er verwendet, wird er als Letztes ausgeführt. Er wird immer ausgeführt, unabhängig davon, ob der try-Block normal beendet wurde oder nicht. Wenn ein finally-Block eine Exception auslöst, muss diese verarbeitet werden.

Die try/catch/finally-Anweisung

Die try/catch/finally-Anweisung enthält einen try-Block, mindestens einen catch-Block und einen finally-Block.

Bei dieser Anweisung wird der finally-Block ebenfalls für Aufräumarbeiten und die Freigabe von Ressourcen verwendet:

```
public void testMethod() {
  FileWriter fileWriter = null;
  try {
    fileWriter = new FileWriter("\\data.txt");
    fileWriter.write("Information...");
  } catch (IOException ex) {
    ex.printStackTrace();
  } finally {
    try {
      fileWriter.close();
    } catch (Exception e) {
      e.printStackTrace();
    }
  }
}
```

Dieser Block ist optional und wird nur bei Bedarf verwendet. Wird er genutzt, wird er stets als Letztes in einem try/catch/finally-Block ausgeführt. Er wird immer ausgeführt, unabhängig davon, ob der try-Block normal beendet wurde oder ob catch-Klauseln ausgeführt wurden. Wenn der finally-Block eine Exception auslöst, muss diese behandelt werden.

Die try-mit-Ressourcen-Anweisung

Die try-mit-Ressourcen-Anweisung wird verwendet, um Ressourcen zu deklarieren, die geschlossen werden müssen, wenn sie nicht länger benötigt werden. Diese Ressourcen werden im try-Block deklariert:

```
public void testMethod() throws IOException {
  try (FileWriter fw = new FileWriter("\\data.txt"))
  {
     fw.write("Information...");
  }
}
```

Alle Ressourcen, die das Interface AutoClosable implementieren, können mit der try-mit-Ressourcen-Anweisung verwendet werden.

catch-Klausel mit mehreren Exceptions

Die catch-Klausel mit mehreren Exceptions wird genutzt, um mehrere Exception-Argumente in einer catch-Klausel anzugeben:

```
boolean isTest = false;
public void testMethod() {
  try {
    if (isTest) {
      throw new IOException();
    } else {
      throw new SQLException();
    }
  } catch (IOException | SQLException e) {
    e.printStackTrace();
  }
}
```

Der Exception-Handling-Vorgang

Dies sind die Schritte beim Exception-Handling:

1. Es tritt eine Exception auf, und das führt dazu, dass ein Exception-Objekt erstellt wird.
2. Ein neues Exception-Objekt wird ausgelöst.

3. Das Laufzeitsystem sucht nach Code zur Verarbeitung der Exception. Dabei beginnt es in der Methode, in der das Exception-Objekt erstellt wurde. Wenn kein Handler gefunden wird, durchquert die Laufzeitumgebung den Aufrufstapel (die geordnete Liste von Methodenaufrufen) in umgekehrter Reihenfolge und sucht nach einem Exception-Handler. Wird die Exception nicht verarbeitet, wird das Programm abgebrochen und automatisch ein Stacktrace ausgegeben.

4. Das Laufzeitsystem übergibt das Exception-Objekt dem Exception-Handler zur Verarbeitung (zum Abfangen) der Exception.

Eigene Exception-Klassen definieren

Benutzerdefinierte Exceptions sollten erstellt werden, wenn andere Exceptions benötigt werden als die, die von Java vordefiniert sind. Im Allgemeinen sollten die Java-Exceptions verwendet werden, wenn das möglich ist:

- Eine Checked-Exception definieren Sie, indem Sie die neue Exception-Klasse direkt oder indirekt von Exception ableiten.

- Eine Unchecked-Exception definieren Sie, indem Sie die neue Exception-Klasse direkt oder indirekt von RuntimeException ableiten.

- Einen neuen Error definieren Sie, indem Sie die neue Exception-Klasse von der Klasse Error ableiten.

Benutzerdefinierte Exceptions sollten mindestens zwei Konstruktoren haben – einen, der keine Argumente erwartet, und einen, der Argumente erwartet:

```java
public class ReportException extends Exception {
  public ReportException () {}
  public ReportException (String message, int
    reportId) {
    ...
  }
}
```

Informationen zu Exceptions ausgeben

Die Methoden in der Klasse Throwable, die Informationen zu ausgelösten Exceptions bieten, sind getMessage(), toString und printStackTrace(). In der Regel sollte eine dieser Methoden in der catch-Klausel aufgerufen werden, die die Exception verarbeitet. Programmierer können ebenfalls Code schreiben, um weitere nützliche Informationen zu erhalten, wenn eine Exception auftritt (um z. B. den Namen der Datei zu ermitteln, die nicht gefunden werden konnte).

Die getMessage()-Methode

Die Methode getMessage() liefert eine ausführliche Stringbeschreibung der Exception:

```
try {
  new FileReader("file.js");
} catch (FileNotFoundException fnfe) {
  System.err.println(fnfe.getMessage());
}
```

Die toString()-Methode

Die Methode toString() liefert eine ausführliche Stringbeschreibung der Exception, die den Klassennamen einschließt:

```
try {
  new FileReader("file.js");
} catch (FileNotFoundException fnfe) {
    System.err.println(fnfe.toString());
}
```

Die printStackTrace()-Methode

Die Methode printStackTrace() liefert eine ausführliche Stringbeschreibung der Exception, die den Klassennamen und einen Stacktrace einschließt, der von dem Punkt, an dem die Exception abgefangen wurde, zu dem Punkt reicht, an dem sie ausgelöst wurde:

```
try {
  new FileReader("file.js");
} catch (FileNotFoundException fnfe) {
```

```
    fnfe.printStackTrace();
  }
```

Nachfolgend sehen Sie ein Beispiel für einen Stacktrace. Die erste Zeile enthält den Inhalt, der geliefert wird, wenn die toString()-Methode auf einem Exception-Objekt aufgerufen wird. Der Rest zeigt die Methodenaufrufe, beginnt an dem Ort, an dem die Exception ausgelöst wurde, und reicht bis zu dem Punkt, an dem sie abgefangen und verarbeitet wurde:

```
java.io.FileNotFoundException: file.js (The system
cannot find the file specified)
 at java.io.FileInputStream.open(Native Method)
 at java.io.FileInputStream.(init)
 (FileInputSteam.java:106)
 at java.io.FileInputStream.(init)
 (FileInputSteam.java:66)
 at java.io.FileReader(init)(FileReader.java:41)
 at EHExample.openFile(EHExample.java:24)
 at EHExample.main(EHExample.java:15)
```

KAPITEL 8

Java-Modifizierer

Modifizierer, die Java-Schlüsselwörter sind, können auf Klassen, Interfaces, Konstruktoren, Methoden und Datenmember angewandt werden.

Tabelle 8-1 führt die Java-Modifizierer und ihre Anwendbarkeit auf. Beachten Sie, dass private und geschützte Klassen erlaubt sind, aber nur als innere oder eingebettete Klassen.

Tabelle 8-1: Java-Modifizierer

Modifizierer	Klasse	Interface	Konstruktor	Methode	Daten-member
Zugriffsmodifizierer					
Package-privat	Ja	Ja	Ja	Ja	Ja
private	Nein	Nein	Ja	Ja	Ja
protected	Nein	Nein	Ja	Ja	Ja
public	Ja	Ja	Ja	Ja	Ja
Andere Modifizierer					
abstract	Ja	Ja	Nein	Ja	Nein
final	Ja	Nein	Nein	Ja	Ja
native	Nein	Nein	Nein	Ja	Nein
strictfp	Ja	Ja	Nein	Ja	Nein
static	Nein	Nein	Nein	Ja	Ja
synchronized	Nein	Nein	Nein	Ja	Nein
transient	Nein	Nein	Nein	Nein	Ja
volatile	Nein	Nein	Nein	Nein	Ja

Innere Klassen können auch die Zugriffsmodifizierer private oder protected nutzen. Lokale Variablen können nur einen einzigen Modifizierer verwenden: final.

Zugriffsmodifizierer

Zugriffsmodifizierer definieren die Zugriffsberechtigungen von Klassen, Interfaces, Konstruktoren, Methoden und Datenmembern. Zu den Zugriffsmodifizierern zählen public, private und protected. Wenn kein Modifizierer angegeben wird, wird als Standardzugriff der *Package-private* Zugriff verwendet.

Tabelle 8-2 bietet Informationen zur Sichtbarkeit, wenn Zugriffsmodifizierer verwendet werden.

Tabelle 8-2. Zugriffsmodifizierer und ihre Sichtbarkeit

Modifizierer	Sichtbarkeit
Package-privat	Die Standardsichtbarkeit ist *Package-privat*. Sie begrenzt den Zugriff auf das Package.
private	Eine private-Methode ist innerhalb der Klasse sichtbar. Ein private-Datenmember ist innerhalb der Klasse sichtbar. Indirekt kann darauf über Methoden (Getter und Setter) zugegriffen werden.
protected	Eine protected-Methode ist im Package sichtbar und außerhalb des Packages in Unterklassen der Klasse, die die Methode enthält. Ein protected-Datenmember ist im Package sichtbar und außerhalb des Packages in Unterklassen der Klasse, die das Datenmember enthält.
public	Der Modifizierer public erlaubt den Zugriff von überall her, selbst von außerhalb des Packages, in dem das Element deklariert wurde. Beachten Sie, dass Interfaces standardmäßig public sind.

Andere Modifizierer (Nicht-Zugriffsmodifizierer)

Tabelle 8-3 führt die nicht auf den Zugriff bezogenen Java-Modifizierer und ihre Verwendung auf.

Tabelle 8-3: Nicht-Zugriffsmodifizierer in Java

Modifizierer	Verwendung
abstract	Eine abstrakte Klasse ist eine Klasse, die mit dem Schlüsselwort abstract deklariert ist. Sie kann nicht gleichzeitig mit final deklariert sein. Interfaces sind standardmäßig abstrakt und müssen nicht als abstrakt deklariert werden. Eine abstrakte Methode ist eine Methode, die nur eine Signatur hat, aber keinen Body. Wenn wenigstens eine Methode in einer Klasse abstrakt ist, dann ist die umschließende Klasse abstrakt. Sie kann nicht als final, native, private, static oder synchronized deklariert werden.
default	Eine default-Methode, auch Defender-Methode genannt, ermöglicht es, in einem Interface eine Standardmethodenimplementierung anzubieten.
final	Eine final-Klasse kann nicht erweitert werden. Ein final-Methode kann nicht überschrieben werden. Ein final-Datenmember wird nur einmal initialisiert und kann danach nicht mehr geändert werden. Ein Datenmember, das als static final deklariert wird, wird bei der Kompilierung festgelegt und kann nicht mehr geändert werden.
native	Eine native-Methode wird verwendet, um Code in anderen Sprachen wie C und C++ in ein Java-Programm einzubinden. Sie enthält nur eine Signatur und keinen Body. Der Modifizierer kann nicht zugleich mit strictfp verwendet werden.
static	Auf static-Methoden und statische Datenmember greift man jeweils über den Klassennamen zu. Sie werden für die gesamte Klasse und alle Instanzen der Klasse verwendet. Auf ein static-Datenmember wird über den Klassennamen zugegriffen. Es gibt nur ein statisches Datenmember, egal wie viele Instanzen der Klasse es gibt.
strictfp	Eine strictfp-Klasse befolgt die IEEE 754-1985-Gleitkommaspezifikation bei Gleitkommaoperationen. Bei einer strictfp-Methode sind alle Ausdrücke strictfp. Methoden in Interfaces können nicht als strictfp deklariert werden. Kann nicht zugleich mit dem Modifizierer native verwendet werden.
synchronized	Eine synchronized-Methode gestattet es jeweils nur einem Thread, den Methodenblock zur jeweiligen Zeit auszuführen, und macht ihn damit Thread-sicher. Auch Anweisungen können synchronisiert sein.
transient	Ein transient-Datenmember wird nicht serialisiert, wenn die Klasse serialisiert wird. Es ist nicht Teil des persistenten Zustands eines Objekts.
volatile	Ein volatile-Datenmember sagt Threads, dass sie den letzten Wert für die Variable abrufen (und keine gespeicherte Kopie verwenden) und außerdem alle Änderungen beim Auftreten in der Variablen speichern sollen.

Teil II

Plattform

KAPITEL 9

Java Platform, Standard Edition

Die Java Platform, Standard Edition (SE), enthält die *Java Runtime Environment* (JRE) und das *Java Development Kit* (JDK, siehe *Grundbausteine für die Java-Entwicklung*, ab Seite 113), die Java-Programmiersprache, die *Java Virtual Machines* (JVMs) sowie Werkzeuge/Hilfsmittel und Java SE-API-Bibliotheken, aus denen es besteht. Es stehen unterschiedliche Plattformen zur Verfügung: Windows (32 und 64 Bit), Mac OS X (64 Bit), Linux (32 und 64 Bit), Linux ARMv6/7 VFP–HardFP ABI (32 Bit), Solaris SPARC (64 Bit) und Solaris (64 Bit).

Häufig verwendete Java SE-API-Bibliotheken

Java SE-API-Standardbibliotheken (*http://bit.ly/1j4kWPl*) werden in Packages ausgeliefert. Packages bestehen aus Klassen und/oder Interfaces. Eine nicht erschöpfende Liste der häufig verwendeten Packages finden Sie unten.

Java SE enthält die JavaFX-Laufzeitbibliotheken aus Java SE 7 Update 6 und JavaFX 2.2 (*http://bit.ly/1gvdiNC*). JavaFX ersetzt die Swing-API als neue Client-UI-Bibliothek für Java SE.

Sprache und Unterstützungsbibliotheken

java.lang
Sprachunterstützung: Systemmethoden, mathematische Methoden, grundlegende Typen, Strings, Threads und Exceptions

`java.lang.annotation`
Annotation-Framework; Bibliotheksunterstützung für Meta-daten

`java.lang.instrument`
Programmautomatisierung; Dienste zur Instrumentierung von JVM-Programmen

`java.lang.invoke`
Unterstützung für dynamische Sprachen; von den Kernklassen und der VM unterstützt

`java.lang.management`
Java Management Extensions-API; JVM-Überwachung und -Verwaltung

`java.lang.ref`
Referenzobjekt-Klassen; Unterstützung der Interaktion mit der GC

`java.lang.reflect`
Reflektive Informationen zu Klassen und Objekten

`java.util`
Hilfsmittel; Collections, Event-Modell, Datum/Uhrzeit und Internationalisierungsunterstützung

`java.util.concurrent`
Nebenläufigkeitswerkzeuge; Exekutoren, Queues, Timer und Synchronisierer

`java.util.concurrent.atomic`
Atomic-Toolkit; Thread-sichere Programmierung auf einzelnen Variablen ohne Locks

`java.util.concurrent.locks`
Locking-Framework; Locks und Conditions

`java.util.function`
Funktionelle Interfaces; stellt Zieltypen für Lambda-Ausdrücke und Methodenreferenzen bereit

`java.util.jar`
Java Archive-Dateiformat; lesen und schreiben

`java.util.logging`
    Logging: Probleme, Fehler, Leistungsprobleme und Bugs

`java.util.prefs`
    Benutzer- und Systemeinstellungen: Abruf und Speicherung

`java.util.regex`
    Reguläre Ausdrücke: musterbasierte Suche in Zeichenfolgen

`java.util.stream`
    Streams: Operationen auf Elementströmen im funktionellen Stil

`java.util.zip`
    ZIP- und GZIP-Dateiformate: lesen und schreiben

Basisbibliotheken

`java.applet`
    Applet-Framework: Methoden für einbettbare Fenster und Steuerelemente

`java.beans`
    Beans: auf JavaBeans basierende Komponenten, Langzeitspeicherung

`java.beans.beancontext`
    Bean-Kontext: Container für Beans, Ausführungsumgebungen

`java.io`
    Eingabe/Ausgabe: über Datenströme, das Dateisystem und Serialisierung

`java.math`
    Mathematik: Berechnungen mit besonders große Zahlen

`java.net`
    Netzwerke: TCP, UDP, Sockets und Adressen

`java.nio`
    Hochleistungs-I/O: Puffer, direkte Interaktion mit Speicherabbildern von Dateien

`java.nio.channels`
    Kanäle für I/O: Selektoren für nicht blockierende I/O

`java.nio.charset`
Zeichensätze: Übersetzungen zwischen Bytes und Unicode

`java.nio.file`
Dateiunterstützung: Dateien, Dateiattribute, Dateisysteme

`java.nio.file.attribute`
Unterstützung für Datei- und Dateisystemattribute

`java.text`
Textwerkzeuge: Text, Datumswerte, Zahlen und Nachrichten

`java.time`
Zeit: Datumswerte, Uhrzeiten, Momente und Dauer

`java.time.chrono`
Zeit: Kalendersysteme

`java.time.format`
Zeit: Ausgabe und Parsen

`java.time.temporal`
Zeit: Zugriff über Felder, Einheiten und Anpassungen

`java.time.zone`
Zeit: Unterstützung für Zeitzonen und ihre Regeln

`javax.annotation`
Annotationstypen: Bibliotheksunterstützung

`javax.management`
JMX-API: Anwendungskonfiguration, Statistiken und Zustandsänderungen

`javax.net`
Netzwerk: Socket-Factories

`javax.net.ssl`
Secured Sockets Layer: Fehlererkennung, Datenverschlüsselung/Authentifizierung

`javax.tools`
Programmbasierte Werkzeugschnittstellen: Compiler, Dateiverwaltung

---

Integrationsbibliotheken

`java.sql`
> Structured Query Language (SQL): Zugriff auf und Verarbeitung von Datenquelleninformationen

`javax.jws`
> Java Web Services: Unterstützung von Annotationstypen

`javax.jws.soap`
> Java Web Services: SOAP-Bindung und -Nachrichtenparameter

`javax.naming`
> Namensdienste: Java Naming and Directory Interface (JNDI)

`javax.naming.directory`
> Verzeichnisdienste: JNDI-Operationen für Objekte in Verzeichnissen

`javax.naming.event`
> Ereignisdienste: JNDI-Event-Benachrichtigung

`javax.naming.ldap`
> Lightweight Directory Access Protocol v3: Operationen und Steuerung

`javax.script`
> Unterstützung von Skriptsprachen: Integration, Datenbindung und Aufruf

`javax.sql`
> SQL: Datenbank-APIs und serverseitige Einrichtungen

`javax.sql.rowset.serial`
> Serialisierbare Zuordnungen: zwischen SQL-Typen und Datentypen

`javax.sql.rowset`
> *Java Database Connectivity* (JDBC) Rowset: Standardschnittstellen

`javax.transactions.xa`
> XA Interface: Transaktionen und Ressourcenverwaltungskontrakte für JTA

Diverse Benutzerschnittstellenbibliotheken

`javax.accessibility`
Barrierefreiheit: Unterstützung für UI-Komponenten

`javax.imageio`
Java-Bild-I/O: Bilddateiinhaltsbeschreibungen (Metadaten, Thumbnails)

`javax.print`
Druckdienste: Formatierung und Starten von Druckaufträgen

`javax.print.attribute`
Java-Druckdienste: Attribute und Attributmengen sammeln

`javax.print.attribute.standard`
Standardattribute: häufig verwendete Attribute und Werte

`javax.print.event`
Druck-Events: Druckdienst- und Druckjobüberwachung

`javax.sound.midi`
Sound: I/O, Sequenzierer und Synthesizer für die MIDI-Typen 0 und 1

`javax.sound.sampled`
Sound: gesampelte Audiodaten (AIFF-, AU- und WAV-Formate)

JavaFX-Benutzerschnittstellenbibliothek

`javafx.animation`
Übergangsbasierte Animationen

`javafx.application`
Anwendungslebenszyklus

`javafx.beans`
Allgemeine Interfaces zur Implementierung von Observer-Mustern

`javafx.beans.binding`
Bindungscharakteristiken

`javafx.beans.property`
Schreibgeschützte und schreibbare Properties

`javafx.beans.property.adapter`
Property-Adapter

`javafx.beans.value`
Lesen und Schreiben

`javafx.collections`
JavaFX-Collection-Utilities

`javafx.concurrent`
JavaFX-Nebenläufigkeit

`javafx.embed.swing`
Swing-API-Anwendungsintegration

`javafx.embed.swt`
SWT-API-Anwendungsintegration

`javafx.event`
Event-Framework (Auslösen und Verarbeiten)

`javafx.fxml`
Markup-Sprache (Laden einer Objekthierarchie)

`javafx.geometry`
Zweidimensionale Geometrie

`javafx.scene`
Basisklassen: zentrale Szenengraphen-API

`javafx.scene.canvas`
Canvas-Klassen: Rendering-API

`javafx.scene.chart`
Diagrammkomponenten: Datenvisualisierung

`javafx.scene.control`
Benutzerschnittstellensteuerelemente: spezielle Knoten im Szenengraphen

`javafx.scene.control.cell`
Zellenbezogene Klassen

`javafx.scene.effect`
Grafische Filtereffekte: zur Unterstützung von Szenengraph-Knoten

`javafx.scene.image`
Bilder laden und anzeigen

`javafx.scene.input`
Verarbeitung von Maus- und Tastatur-Eingabe-Events

`javafx.scene.layout`
Schnittstellenlayoutklassen

`javafx.scene.media`
Audio- und Videoklassen

`javafx.scene.paint`
Farb- und Gradient-Unterstützung (z .B. Figuren und Hintergrund füllen)

`javafx.scene.shape`
Zweidimensionale Figuren

`javafx.scene.text`
Zeichnen von Schriften und Textknoten

`javafx.scene.transform`
Transformationen: Rotieren, Skalieren, Schrägen und Verschieben von affinen Objekten

`javafx.scene.web`
Webinhalte: Webinhalte laden und anzeigen

`javafx.stage`
Stage: Top-Level-Container

`javafx.util`
Unterstützungs- und Hilfsklassen

`javafx.util.converter`
Stringkonvertierer

Remote Method Invocation (RMI) und CORBA-Bibliotheken

`java.rmi`
Remote Method Invocation: Aufrufen von Objekten auf Remote-JVMs

`java.rmi.activation`
RMI-Objektaktivierung: aktiviert persistente Remote-Objekt-Referenzen

`java.rmi.dgc`
RMI Distributed Garbage Collection (DGC): Remote-Objekt-Tracking vom Client

`java.rmi.registry`
RMI-Registry: Remote-Objekt mit einer Zuordnung von Namen auf Remote-Objekte

`java.rmi.server`
RMI-Serverseite: RMI-Transportprotokoll, Hypertext Transfer Protocol Tunneling, Stubs

`javax.rmi`
Remote Method Invocation (RMI): Remote Method Invocation Internet InterORB Protocol (RMI-IIOP), Java Remote Method Protocol (JRMP)

`javax.rmi.CORBA`
Common Object Request Broker Architecture-Unterstützung (CORBA): portable APIs für RMI-IIOP und Object Request Brokers (ORBs)

`javax.rmi.ssl`
Secured Sockets Layer (SSL): RMI-Client und Serverunterstützung

`org.omg.CORBA`
OMG CORBA: CORBA/Java-Zuordnung, ORBs

`org.omg.CORBA_2_3`
OMG CORBA-Ergänzungen: weitere Java Compatibility Kit-Testunterstützung

Sicherheitsbibliotheken

`java.security`
Sicherheit: Algorithmen, Mechanismen und Protokolle

`java.security.cert`
Zertifikate: Parsen, Verwaltung von Certificate Revocation Lists (CRLs) und Zertifikatspfaden

`java.security.interfaces`
Sicherheitsschnittstellen: Rivest, Shamir und Adelman (RSA) und Digital Signature Algorithm (DSA)

`java.security.spec`
Spezifikationen: Sicherheitsschlüssel und Algorithmusparameter

`javax.crypto`
Kryptografische Operationen: Verschlüsselung, Schlüssel und MAC-Generationen

`javax.crypto.interfaces`
Diffie-Hellman-Schlüssel: definiert in PKCS #3 der RSA Laboratories

`javax.crypto.spec`
Spezifikationen: Sicherheitsschlüssel und Algorithmusparameter

`javax.security.auth`
Sicherheitsauthentifizierung und Autorisierung: Spezifikationen für die Zugangskontrolle

`javax.security.auth.callback`
Authentifizierungs-Callback-Unterstützung: Dienstinteraktion mit Apps

`javax.security.auth.kerberos`
Kerberos-Netzwerkauthentifizierungsprotokoll: Hilfsklassen

`javax.security.auth.login`
Log-in und Konfiguration: Pluggable-Authentication-Framework

`javax.security.auth.x500`

X500 Principal und X500 Private Credentials: Subjektspeicherung

`javax.security.sasl`

Simple Authentication and Security Layer (SASL): SASL-Authentifizierung

`org.ietf.jgss`

Java Generic Security Service (JGSS): Authentifizierung, Datenintegrität

Extensible Markup Language-Bibliotheken (XML)

`javax.xml`

Extensible Markup Language (XML): Konstanten

`javax.xml.bind`

XML-Laufzeitbindungen: Unmarshalling, Marshalling und Validierung

`javax.xml.crypto`

XML-Kryptografie: Signaturerzeugungen und Datenverschlüsselung

`javax.xml.crypto.dom`

XML und Document Object Model (DOM): kryptografische Implementierungen

`javax.xml.crypto.dsig`

XML-Digitalsignaturen: Erzeugung und Validierung

`javax.xml.datatype`

XML und Java-Datentypen: Zuordnungen

`javax.xml.namespace`

XML-Namensräume: Verarbeitung

`javax.xml.parsers`

XML-Parser: SAX- und DOM-Parser

`javax.xml.soap`

XML; SOAP-Nachrichten: Erstellung und Aufbau

`javax.xml.transform`
XML-Transformationsverarbeitung: ohne DOM- oder SAX-Abhängigkeit

`javax.xml.transform.dom`
XML-Transformationsverarbeitung: DOM-spezifische API

`javax.xml.transform.sax`
XML-Transformationsverarbeitung: SAX-spezifische API

`javax.xml.transform.stax`
XML-Transformationsverarbeitung: Streaming-API für XML-API (StAX)

`javax.xml.validation`
XML-Validation: Überprüfung anhand von XML Schema

`javax.xml.ws`
Java-API für XML Web Services (JAX-WS): zentrale APIs

`javax.xml.ws.handler`
JAX-WS-Nachrichten-Handler: Nachrichtenkontext und Handler-Schnittstellen

`javax.xml.ws.handler.soap`
JAX-WS: SOAP-Nachrichten-Handler

`javax.xml.ws.http`
JAX-WS: HTTP-Bindungen

`javax.xml.ws.soap`
JAX-WS: SOAP-Bindungen

`javax.xml.xpath`
XPath-Ausdrücke: Auswertung und Zugriff

`org.w3c.dom`
W3C DOM: Zugriff auf und Aktualisierung von Dateiinhalt und -struktur

`org.xml.sax`
XML.org SAX: Zugriff auf und Aktualisierung von Dateiinhalt und -struktur

KAPITEL 10

Grundbausteine für die Java-Entwicklung

Die *Java Runtime Environment* (kurz JRE, die Java-Laufzeitumgebung) stellt den Unterbau für die Ausführung von Java-Anwendungen dar. Das *Java Development Kit* (kurz JDK, die Java-Entwicklungswerkzeuge) bietet alle Komponenten und erforderlichen Ressourcen für den Aufbau von Java-Anwendungen.

Java Runtime Environment

Die JRE ist eine Sammlung von Software, die es einem Computersystem ermöglicht, eine Java-Anwendung auszuführen. Die Software besteht aus den *Java Virtual Machines* (JVMs), die den Java-Bytecode in Maschinencode übersetzen, Standardklassenbibliotheken, Benutzerschnittstellen-Toolkits und einer Vielzahl von Werkzeugen.

Java Development Kit

Das JDK ist eine Programmierumgebung, in der Java-Anwendungen, Java Beans und Java-Applets kompiliert, debuggt und ausgeführt werden. Das JDK enthält die JRE und zusätzlich die Programmiersprache Java sowie weitere Entwicklungswerkzeuge und Tool-APIs. Oracles JDK unterstützt Mac OS X, Solaris, Linux (Oracle, Suse, Red Hat, Ubuntu und Debian [auf ARM]) sowie Microsoft Windows (Server 2008 R2, Server 2012, Vista, Windows 7 und Windows 8). Weitere Betriebssysteme und JVMs, JDKs und JREs für besondere Einsatzgebiete sind unterJava Virtual Machine (*http://bit.ly/16mhI6k*) frei verfügbar. Als Browser werden Internet Explorer 9+, Mozilla Firefox, Chrome unter Windows und Safari 5.x unterstützt.

Tabelle 10-1 führt die JDK-Versionen auf, die Oracle bereitstellt. Laden Sie auf Oracles Website (*http://bit.ly/16mhImY*) die neueste Version herunter. Sie können dort aber auch ältere Versionen (*http://bit.ly/16mhHzq*) bekommen.

Tabelle 10-1: Java Development Kits

Java Development Kits	Codename	Veröffent-lichung	Packages	Klassen
Java SE 8 mit JDK 1.8.0	---	2014	217	4.240
Java SE 7 mit JDK 1.7.0	Dolphin	2011	209	4.024
Java SE 6 mit JDK 1.6.0	Mustang	2006	203	3.793
Java 2 SE 5.0 mit JDK 1.5.0	Tiger	2004	166	3.279
Java 2 SE mit SDK 1.4.0	Merlin	2002	135	2.991
Java 2 SE mit SDK 1.3	Kestrel	2000	76	1.842
Java 2 mit SDK 1.2	Playground	1998	59	1.520
Development Kit 1.1	---	1997	23	504
Development Kit 1.0	Oak	1996	8	212

Seit März 2013 stellt Oracle keine öffentlichen Updates für Java SE Version 6 mehr bereit.

Struktur von Java-Programmen

Java-Quellcodedateien werden mit Texteditoren wie jEdit, Text-Pad, Vim, Notepad++ oder dem Editor eines Java Integrated Development Environment (einer Java-IDE) erstellt. Die Quellcodedatei muss die Dateinamenserweiterung *.java* und den gleichen Namen wie die öffentliche Klasse haben, die in ihr enthalten ist. Wenn die Klasse *Package-privaten* Zugriff hat, kann sich der Klassenname vom Dateinamen unterscheiden.

Deswegen entspräche eine Quellcodedatei namens *HelloWorld.java* der öffentlichen Klasse namens HelloWorld, die im folgenden Beispiel vorgestellt wird (in Java berücksichtigen alle Bezeichnungen Groß-/Kleinschreibung):

```
1 package com.oreilly.tutorial;
2 import java.time.*;
3 // import java.time.ZoneId;;
4 // import java.time.Clock;
5
6 public class HelloWorld
7 {
8   public static void main(String[] args)
9   {
10     ZoneId zi = ZoneId.systemDefault();
11     Clock c = Clock.system(zi);
12     System.out.print("Von: "
13       + c.getZone().getId());
13     System.out.println(", \"Hallo Welt!\"");
14   }
15 }
```

In Zeile 1 wird die Klasse HelloWorld in das Package com.oreilly.
tutorial eingeschlossen. Dieser Package-Name impliziert, dass
com/oreilly/tutorial eine Verzeichnisstruktur ist, auf die im Klassenpfad von Compiler und Laufzeitumgebung zugegriffen werden
kann. Quellcodedateien müssen nicht in Packages eingebunden
werden, aber es ist empfehlenswert, um Konflikte mit anderen
Softwarepaketen zu vermeiden.

Die import-Deklaration in Zeile 2 ermöglicht es der JVM, nach Klassen aus anderen Packages zu suchen. Hier macht der Asterisk alle
Klassen im Package java.time verfügbar. Sie sollten Klassen jedoch
stets explizit einschließen, damit die Abhängigkeiten dokumentiert
werden. Deswegen wären die nachfolgenden Anweisungen import
java.time. ZoneId; und import java.time.Clock;, die aktuell aus-
kommentiert sind, eigentlich die bessere Wahl, als einfach import
java.time.*; zu verwenden. Beachten Sie, dass import-Anweisun-
gen nicht zwingend erforderlich sind, dass Sie stets den vollständi-
gen Package-Namen vor dem Klassennamen angeben können. Das
jedoch ist keine optimale Programmierweise.

TIPP

Das Package java.lang ist das einzige Java-Package, das per
Vorgabe importiert wird.

In Zeile 6 wird die eine pro Quelldatei erlaubte als `public` deklarierte Klasse definiert. Zusätzlich können Dateien beliebig viele *Package-private* Klassen enthalten.

Wenn wir uns Zeile 8 ansehen, sehen wir, dass Java-Anwendungen eine `main`-Methode haben müssen. Diese Methode ist der Einstiegspunkt eines Java-Programms und muss definiert sein. Die Modifizierer müssen `public`, `static` und `void` sein. Der einzige Parameter ist ein String-Array mit den beim Aufruf angegebenen Kommandozeilenargumenten.

TIPP

Von Containern verwaltete Anwendungskomponenten (z. B. Spring und Java EE) haben keine `main`-Methode.

Die Zeilen 12 und 13 enthalten Anweisungen mit Aufrufen der Methoden `System.out.print` und `System.out.println`, die den übergebenen Text in das Konsolenfenster ausgeben.

Kommandozeilenwerkzeuge

Ein JDK stellt verschiedene Kommandozeilenwerkzeuge als Unterstützung bei der Softwareentwicklung bereit. Häufig verwendete Werkzeuge sind unter anderem der Compiler, Launcher/Interpreter, Archivierer und das Dokumentationsprogramm. Eine vollständige Liste aller Werkzeuge finden Sie auf Oracle.com (*http://bit.ly/16mhHQ3*).

Java-Compiler

Der Java-Compiler übersetzt Java-Quelldateien in Java-Bytecode. Der Compiler erstellt eine Bytecode-Datei mit dem gleichen Namen wie die Quelldatei, gibt ihr aber die Dateinamenserweiterung *.class*. Hier ist eine Liste häufig verwendeter Compileroptionen:

```
javac [-Optionen] [Quelldateien]
    Kompiliert Java-Quelldateien.
```

```
javac HelloWorld.java
```
Kompiliert das Programm und erzeugt *HelloWorld.class*.

```
javac –cp /dir/Classes/ HelloWorld.java
```
Die Optionen –cp und –classpath sind äquivalent und identifizieren die Klassenpfadverzeichnisse, die bei der Kompilierung verwendet werden sollen.

```
javac –d /opt/hwapp/classes HelloWorld.java
```
Die Option –d speichert die generierten Klassendateien im angegebenen (und bereits bestehenden) Verzeichnis. Wenn es eine Package-Definition gibt, wird der Pfad mit hinzugenommen (z. B. */opt/hwapp/classes/com/oreilly/tutorial/*).

```
javac –s /opt/hwapp/src HelloWorld.java
```
Die Option –s speichert generierte Quelldateien im angegebenen (und bereits bestehenden) Verzeichnis. Wenn es eine Package-Definition gibt, wird der Pfad weiter expandiert (z. B. */opt/hwapp/src/com/oreilly/tutorial/*).

```
javac –source 1.4 HelloWorld.java
```
Die Option –source gibt eine Quellkompatibilität mit der angegebenen Version an und erlaubt die Verwendung nicht unterstützter Schlüsselwörter als Bezeichner.

```
javac –X
```
Die Option –X gibt einen Überblick über alle Optionen, die keine Standardoptionen sind, aus. Beispielsweise aktiviert –Xlint:unchecked empfohlene Warnungen, was dazu führt, dass weitere Informationen zu ungeprüften oder unsicheren Operationen ausgegeben werden.

TIPP

Obwohl –Xlint und andere –X-Optionen bei Java-Compilern häufig zu finden sind, sind die –X-Optionen nicht standardisiert. Sie können also nicht davon ausgehen, dass sie unter allen JDKs verfügbar sind.

```
javac -version
```
Die Option -version gibt die Version des javac-Programms aus.

```
javac -help
```
Die -help-Option bewirkt, dass Hilfeinformationen zum javac-Befehl ausgegeben werden. Gleiches erfolgt, wenn gar keine Argumente angegeben werden.

Java-Interpreter

Der Java-Interpreter kümmert sich um die Programmausführung einschließlich des Starts der Anwendung. Hier ist eine Liste der häufig verwendeten Interpreter-Optionen:

```
java [-Optionen] Klasse [Argumente…]
```
Führt den Interpreter aus.

```
java [-Optionen] -jar JAR-Datei [Argumente…]
```
Führt eine JAR-Datei aus.

```
java HelloWorld
```
Startet die JRE, lädt die Klasse HelloWorld und führt die main-Methode der Klasse aus.

```
java com.oreilly.tutorial.HelloWorld
```
Startet die JRE, lädt die Klasse HelloWorld aus dem Verzeichnis *com/oreilly/tutorial/* und führt die main-Methode dieser Klasse aus.

```
java -cp /tmp/Classes HelloWorld
```
Die Optionen -cp und -classpath identifizieren die Klassenpfadverzeichnisse, die zur Laufzeit genutzt werden sollen.

```
java -Dsun.java2d.ddscale=true HelloWorld
```
Die Option -D setzt eine Systemeigenschaft. Hier wird die Hardwarebeschleunigungsskalierung angeschaltet.

```
java -ea HelloWorld
```
Die Optionen -ea und -enableassertions aktivieren Java-Assertions. Assertions sind Diagnosecode, den Sie in Ihre Anwendung einbetten. Weitere Informationen zu Assertions finden Sie unter Abschnitt »assert-Anweisung«, Seite 78.

```
java -da HelloWorld
```
Die Optionen -da und -disableassertions deaktivieren Java-Assertions.

```
java -client HelloWorld
```
Die Option -client wählt die Client-VM, die für die Ausführung interaktiver Anwendungen wie GUIs optimiert ist.

```
java -server HelloWorld
```
Die Option -server wählt die Server-VM, die eine insgesamt bessere Systemleistung gewährleistet.

```
java -splash:images/world.gif HelloWorld
```
Die Option -splash akzeptiert ein Argument, das ein Bild angibt, das vor der Ausführung der Anwendung als Splashscreen angezeigt wird.

```
java -version
```
Die Option -version gibt die Version des Java-Interpreters, der JRE und der virtuellen Maschine aus.

```
java [-d32 | -d64]
```
Die Optionen [-d32] und [-d64] fordern die Verwendung des 32-Bit- respektive 64-Bit-Datenmodells an, falls diese verfügbar sind.

```
java -help
```
Die Option -help sorgt dafür, dass Hilfeinformationen für den java-Befehl ausgegeben werden. Gleiches passiert, wenn keine Argumente angegeben werden.

```
javaw <Klassenname>
```
Unter Windows entspricht javaw dem java-Befehl, bietet aber kein Konsolenfenster. Das Äquivalent unter Linux ist, den java-Befehl mit dem Ampersand als Hintergrundprozess auszuführen: java <Klassenname> &.

Der Java-Programm-Verpacker

Das *Java Archive*-Hilfsprogramm (JAR) ist ein Archivierungs- und Komprimierungswerkzeug, das üblicherweise verwendet wird, um mehrere Dateien zu einer einzigen Datei, die als JAR-Datei bezeichnet wird, zu kombinieren. JAR besteht aus einem ZIP-Archiv, das eine Manifestdatei (JAR Content Describer) und optional Signaturdateien (für die Sicherheit) enthält. Hier erhalten Sie eine Liste häufig verwendeter Optionen für JAR gemeinsam mit einigen Beispielen für die Verwendung:

```
jar [Optionen] [JAR-Datei] [Manifestdateien] [Einstiegspunkt]
[-C Verz] Dateien…
```
So wird das JAR-Werkzeug verwendet.

```
jar cf files.jar HelloWorld.java com/oreilly/tutorial/Hello-
World.class
```
Die Option c ermöglicht die Erstellung einer JAR-Datei. Mit der Option f wird der Dateiname angegeben. In diesem Beispiel werden *HelloWorld.java* und *com/oreilly/tutorial/HelloWorld.class* in die JAR-Datei eingeschlossen.

```
jar tfv files.jar
```
Die Option t wird verwendet, um das Inhaltsverzeichnis einer JAR-Datei ausgeben zu lassen. Mit der Option f wird der Dateiname angegeben. Die Option v sorgt für eine ausführliche Ausgabe.

```
jar xf files.jar
```
Die Option x ermöglicht es, Inhalte aus der JAR-Datei herauszuziehen. Mit der Option f wird der Dateiname angegeben.

TIPP

Verschiedene andere ZIP-Werkzeuge (z. B. 7-Zip, WinZip und WinRAR) können mit JAR-Dateien arbeiten.

JAR-Dateien ausführen

JAR-Dateien können so erstellt werden, dass sie ausführbar sind, indem der Name der Datei im JAR angegeben wird, in der sich die »Hauptklasse« befindet, damit der Java-Interpreter weiß, welche main()-Methode er nutzen soll. Hier erhalten Sie ein vollständiges Beispiel dafür, wie man eine JAR-Datei ausführbar macht:

1. Erstellen Sie eine *HelloWorld.java*-Datei auf Basis der `Hello-World`-Klasse vom Anfang dieses Kapitels.

2. Erstellen Sie die Unterordner *com/oreilly/tutorial/*.

3. Führen Sie javac `HelloWorld` aus.

   Nutzen Sie diesen Befehl, um das Programm zu kompilieren und die Datei *HelloWorld.class* im Verzeichnis *com/oreilly/tutorial/* zu speichern.

4. Erstellen Sie eine Datei namens *Manifest.txt* in dem Verzeichnis, in dem sich das Package befindet. Schließen Sie in diese Datei die folgende Zeile ein, die angibt, wo die Hauptklasse ist:

   ```
   Main-Class: com.oreilly.tutorial.HelloWorld
   ```

5. Führen Sie jar `cmf Manifest.txt helloWorld.jar com/oreilly/tutorial` aus.

   Nutzen Sie diesen Befehl, um eine JAR-Datei zu erstellen, die den Inhalt von *Manifest.txt* der Manifestdatei *MANIFEST.MF* hinzufügt. Die Manifestdatei wird auch verwendet, um Erweiterungen und diverse Package-bezogene Daten zu definieren:

   ```
   Manifest-Version: 1.0
   Created-By: 1.7.0 (Oracle Corporation)
   Main-Class: com.oreilly.tutorial.HelloWorld
   ```

6. Führen Sie jar `tf HelloWorld.jar` aus.

   Nutzen Sie diesen Befehl, um den Inhalt der JAR-Datei anzuzeigen:

   ```
   META-INF/
   META-INF/MANIFEST.MF
   com/
   com/oreilly/
   com/oreilly/tutorial
   com/oreilly/tutorial/HelloWorld.class
   ```

7. Führen Sie abschließend java `–jar HelloWorld.jar` aus.

   Nutzen Sie diesen Befehl, um die JAR-Datei auszuführen.

Java-Dokumentationsprogramm

Javadoc ist ein Kommandozeilenwerkzeug, das verwendet wird, um eine Dokumentation für Quellcodedateien zu erstellen. Die Dokumentation ist detaillierter, wenn in den Quellcode geeignete Javadoc-Kommentare eingebettet werden (siehe Abschnitt »Kommentare«, Seite 23). Hier ist eine Liste der häufig verwendeten javadoc-Optionen zusammmen mit ein paar Beispielen:

`javadoc [Optionen] [Package-Namen] [Quelldateien]`

So wird der Befehl verwendet, um eine Java-Dokumentation zu erzeugen.

`javadoc HelloWorld.java`

Der javadoc-Befehl generiert HTML-Dokumentationsdateien: *HelloWorld.html*, *index.html*, *allclasses-frame.html*, *constant-values.html*, *deprecated-list.html*, *overview-tree.html*, *package-summary.html* usw.

`javadoc -verbose HelloWorld.java`

Die Option -verbose sorgt für mehr Ausgaben, während Javadoc läuft.

`javadoc -d /tmp/ HelloWorld.java`

Die Option -d gibt das Verzeichnis an, in dem die generierten HTML-Dateien abgelegt werden. Wird diese Option nicht angegeben, werden die Dateien im aktuellen Arbeitsverzeichnis gespeichert.

`javadoc -sourcepath /Classes/ Test.java`

Die Option -sourcepath gibt an, wo die *.java*-Quelldateien des Benutzers zu finden sind.

`javadoc -exclude <pkglist> Test.java`

Die Option -exclude gibt an, für welche Packages keine HTML-Dokumentationsdateien generiert werden sollen.

`javadoc -public Test.java`

Die Option -public erstellt eine Dokumentation für öffentliche Klassen und Member.

```
javadoc -protected Test.java
```
Die Option -protected erstellt eine Dokumentation für geschützte und öffentliche Klassen und Member. Das ist die Standardeinstellung.

```
javadoc -package Test.java
```
Die Option -package erstellt eine Dokumentation für *Package-private*, geschützte und öffentliche Klassen und Member.

```
javadoc -private Test.java
```
Die Option -private erstellt eine Dokumentation für alle Klassen und Member.

```
javadoc -help
```
Die Option -help lässt Hilfeinformationen für den Befehl javadoc ausgeben. Gleiches passiert, wenn keine Argumente angegeben werden.

Classpath

classpath ist ein Argument, das von verschiedenen Kommandozeilenwerkzeugen verwendet wird und der JVM sagt, wo sie nach benutzerdefinierten Klassen und Packages suchen muss. Die Konventionen für den Klassenpfad unterscheiden sich bei den verschiedenen Betriebssystemen.

Bei Microsoft Windows werden zwischen die Verzeichnisse in Pfaden Backslashs gesetzt; zur Trennung verschiedener Pfade werden Semikola verwendet:

```
-classpath \home\XClasses\;dir\YClasses\;.
```

Auf POSIX-konformen Betriebssystemoperationen (u. a. Solaris, Linux und Mac OS X) werden die Verzeichnisse in Pfaden durch einen gewöhnlichen Schrägstrich getrennt, einzelne Pfade durch einen Doppelpunkt:

```
-classpath /home/XClasses/:dir/YClasses/:.
```

TIPP

Der Punkt repräsentiert das aktuelle Arbeitsverzeichnis.

Die CLASSPATH-Umgebungsvariable kann ebenfalls gesetzt werden, um dem Java-Compiler zu sagen, wo er nach Klassendateien und Packages suchen muss:

```
rem Windows
set CLASSPATH=classpath1;classpath2

# Linux, Solaris, Mac OS X
# (kann von der jeweiligen Shell abhängen)
setenv CLASSPATH classpath1:classpath2
```

KAPITEL 11

Speicherverwaltung

Java hat eine automatische Speicherverwaltung, die als *Garbage Collection* (GC) bezeichnet wird. Die grundlegenden Aufgaben der GC sind die Speicherallozierung, die Verwaltung der referenzierten Objekte im Speicher und die Freigabe des Speichers von Objekten, auf die es keine Referenzen mehr gibt.

Garbage Collector

Seit J2SE 5.0 führt die Java HotSpot Virtual Machine ein Selbst-Tuning durch. Es wird nicht einfach eine Standard-GC gewählt, stattdessen werden auf Basis von System- und Plattforminformationen die Form und die Einstellungen für die GC gewählt, die am geeignetsten sind. Zusätzlich wird die GC im Betrieb kontinuierlich abgestimmt.

Obgleich die anfänglichen Einstellungen und die Laufzeitfeinabstimmung für die GC in der Regel schon mal erfolgreich sind, möchte man die GC dennoch gelegentlich in Hinblick auf die folgenden Ziele steuern:

Maximimale-Pausenzeit-Ziel
 Die maximale Pausenzeit ist die gewünschte Zeit, die die GC die Anwendungen anhalten soll, um Speicher zurückzugewinnen.

Durchsatz-Ziel
 Das Durchsatz-Ziel ist die gewünschte Anwendungszeit, d. h. die Zeit, die außerhalb der GC verbracht wird.

Die folgenden Abschnitte bieten einen Überblick über die verschiedenen Garbage Collectors, ihr Hauptaugenmerk und die Situationen, in denen sie verwendet werden sollten. Der Abschnitt Abschnitt »Kommandozeilenoptionen«, Seite 128 erläutert, wie man sich die Informationen beschafft, die man braucht, um die GC manuell zu steuern.

Serieller Collector

Der serielle Collector wird durch einen einzigen Thread auf einer einzigen CPU durchgeführt. Wenn dieser GC-Thread ausgeführt wird, hält die Ausführung der Anwendung an, bis die Garbage Collection abgeschlossen ist.

Diese Art der GC wird am besten dann verwendet, wenn Ihre Anwendung nur eine kleine Datenmenge, bis zu 100 MByte, hat und nicht für geringstmögliche Pausenzeiten konfiguriert sein muss.

Paralleler Collector

Der parallele Collector, der auch als Durchsatz-Collector bezeichnet wird, kann auf mehreren Threads über mehrere CPUs ausgeführt werden. Die Verwendung mehrerer Threads beschleunigt die GC erheblich.

Dieser Collector sollte verwendet werden, wenn es keine Einschränkungen für die Pausenzeiten gibt und die Anwendungsleistung der wichtigste Aspekt Ihres Programms ist.

Parallel-Compacting-Collector

Der Parallel-Compacting-Collector ähnelt dem parallelen Collecter, nutzt aber verbesserte Algorithmen, die die Pausenzeiten durch die GC minimieren.

Dieser Collector sollte für Anwendungen verwendet werden, die Pausenzeiteneinschränkungen unterliegen.

Concurrent-Mark-Sweep-Collector

Der Concurrent Mark Sweep (CMS), der auch als Low-Latency-Collector bezeichnet wird, implementiert Algorithmen zum Umgang mit umfangreichen Collections, die lange Pausenzeiten erforderlich machen könnten.

Dieser Collector sollte verwendet werden, wenn die Antwortzeit Vorrang vor den Durchsatzzeiten und den GC-Pausen hat.

Garbage-First-Collector (G1)

Der Garbage-First-Collector, der auch als G1-Collector bezeichnet wird, kommt bei Mehrprozessorsystemen mit großem Speicher zum Einsatz. Diese serverartige GC hält Pausenzeitziele mit großer Zuverlässigkeit ein und erzielt gleichzeitig einen hohen Durchsatz. Whole-Heap-Operationen (d. h. globale Markierung) erfolgen nebenläufig zum Anwendungs-Thread. Das verhindert, dass die Unterbrechungen proportional zur Heap-Größe oder zur aktuellen Datenmenge wachsen.

Speicherverwaltungswerkzeuge

Obgleich die Feinabstimmung der GC erfolgreich sein kann, sollte darauf hingewiesen werden, dass GCs keine Garantien bieten, sondern nur Ziele. Jede Verbesserung, die auf einer Plattform erzielt wird, kann auf einer anderen zunichte gemacht werden. Dazu sollte man die Quelle des Problems mit Speicherverwaltungswerkzeugen, einschließlich Profilern, ausfindig machen.

Tabelle 11-1 führt derartige Werkzeuge auf. Alle außer dem Heap/CPU Profiling Tool (HPROF) sind Kommandozeilenwerkzeuge. HPROF wird dynamisch über eine Kommandozeilenoption geladen. Das folgende Beispiel liefert eine vollständige Liste der Optionen, die an HPROF übergeben werden können:

```
java -agentlib:hprof=help
```

Tabelle 11-1: JDK-Speicherverwaltungswerkzeuge

Ressource	Beschreibung
jvisualvm	All-in-one-Java-Problemlösungswerkzeug (http://visualvm.java.net/)
jconsole	Java Management Extensions-konformes Überwachungswerkzeug
jinfo	Konfigurationsinformationswerkzeug
jmap	Memory-Map-Werkzeug
jstack	Stacktrace-Werkzeug
jstat	JVM-Statistiküberwachungstool
jhat	Heap-Analysewerkzeug
HPROF Profiler	CPU-Verwendung, Heap-Statistiken und Monitor-Contentions-Profiler
jdb	Java-Debugger

TIPP

Werfen Sie eventuell einmal einen Blick auf Oracle Java SE Advanced, das Java Mission Control (jmc) und Java Flight Recorder enthält. Das sind produktionstaugliche Diagnose- und Monitoring-Werkzeuge auf Enterprise-Level.

Kommandozeilenoptionen

Die folgenden GC-bezogenen Kommandozeilenoptionen können an den Java-Interpreter übergeben werden, um mit der Funktionalität der Java HotSpot Virtual Machine zu arbeiten. Eine vollständigere Liste der Optionen finden Sie unter Java HotSpot VM Options (*http://bit.ly/16mhL27*):

`-XX:+PrintGC` *or* `-verbose:gc`
> Gibt bei jeder Collection allgemeine Informationen zu Heap und Garbage Collection aus.

`-XX:+PrintCommandLineFlags -version`
> Gibt Heap-Einstellungen, angewandte `-XX`-Werte und Versionsinformationen aus.

`-XX:+PrintGCDetails`
> Gibt bei jeder Collection ausführliche Informationen zu Heap und Garbage Collection aus.

`-XX:+PrintGCTimeStamps`
> Fügt den Ausgaben von `PrintGC` oder `Print-GCDetails` Zeitstempel hinzu.

`-XX:+UseSerialGC`
> Aktiviert den seriellen Collector.

`-XX:+UseParallelGC`
> Aktiviert den Parallel-Collector.

`-XX:+UseParallelOldGC`
> Aktiviert den Parallel-Compacting-Collector. Beachten Sie, dass sich `Old` auf den Umstand bezieht, dass neue Algorithmen für eine »Alte«-Generationen-GC verwendet werden.

`-XX:+UseParNewGC`
> Aktiviert den Young-Generation-Collector. Kann mit dem nebenläufigen CMS-Collector verwendet werden.

`-XX:+UseConcMarkSweepGC`
> Aktiviert den nebenläufigen CSM-Collector für geringe Pausenzeiten. Kann mit dem Parallel-Young-Generation-Collector verwendet werden.

`-XX:+UseG1GC`
> Aktiviert den Garbage-First-Collector.

`-XX:+DisableExplicitGC`
> Deaktiviert die expliziten GC-Methoden (`System.gc()`).

`-XX:ParallelGCThreads=[`*`Threads`*`]`

Legt die Anzahl an Threads fest. Der Standardwert hängt von der Anzahl an CPUs ab. Diese Option gilt für den CMS-Collector und die parallelen Collectoren.

`-XX:MaxGCPauseMillis=[`*`Millisekunden`*`]`

Gibt der GC einen Hinweis für das angestrebte maximale Pausenzeitziel in Millisekunden. Diese Option gilt für die parallelen Collectoren.

`-XX:+GCTimeRatio=[__`*`Wert`*`__]`

Bietet der GC einen Hinweis auf das gewünschte Verhältnis von GC-Zeit zu Anwendungszeit (1 / (1 + [*Wert*])) für das gewünschte Durchsatzziel. Der Standardwert ist 99. Das bedeutet, dass 99 % der Zeit die Anwendung laufen wird, die GC 1 % der Zeit. Diese Option gilt für die parallelen Collectoren.

`-XX:+CMSIncrementalMode`

Aktiviert den inkrementellen Modus für den CMS-Collector. Wird bei Maschinen mit einem oder zwei Prozessoren verwendet.

`-XX:+CMSIncrementalPacing`

Aktiviert die automatische Anpassung des inkrementellen Modus für den CMS-Collector.

`-XX:MinHeapFreeRatio=[`*`Prozent`*`]`

Setzt das Minimalziel für den Anteil freien Speicherplatzes im Verhältnis zur Heap-Gesamtgröße in Prozent. Der Standardwert ist 40.

`-XX:MaxHeapFreeRatio=[`*`Prozent`*`]`

Setzt das Maximalziel für den Anteil freien Speicherplatzen im Verhältnis zur Heap-Gesamtgröße in Prozent. Der Standardwert ist 70.

`-Xms[`*`Bytes`*`]`

Überschreibt die Minimum-Heap-Größe in Bytes. Standard: 1/64 des Systemhauptspeichers bis zu 1 GByte. Die anfängliche Heap-Größe beträgt für Systeme, die keine Serversysteme sind, 4 MByte.

`-Xmx[Bytes]`

Überschreibt die Maximum-Heap-Größe in Bytes. Standard: kleiner als 1/4 des Hauptspeichers oder 1 GByte. Die maximale Heap-Größe für Systeme, die keine Serversysteme sind, ist 64 MByte.

`-Xmn[Bytes]`

Die Größe des Heaps für junge Generationen.

`-XX:OnError=[Kommandozeilenwerkzeug [__Optionen__]]`

Wird verwendet, um benutzerdefinierte Skripte oder Befehle aufzurufen, wenn ein fataler Fehler eintritt.

`-XX+AggressiveOpts`

Aktiviert Leistungsoptimierungen, von denen erwartet wird, dass sie in zukünftigen Versionen standardmäßig aktiviert sind.

TIPP

Byte-Werte enthalten `[k|K]` für Kilobyte, `[m|M]` für Megabyte und `[g|G]` für Gigabyte.

Beachten Sie, dass nicht garantiert ist, dass die -XX-Optionen stabil sind. Sie sind kein Teil der *Java Language Specification* (JLS). Es ist unwahrscheinlich, dass sie in genau dieser Form und Funktion von anderen JVMs implementiert werden, sollten diese sie überhaupt bieten.

Die Größe des JVM-Heaps ändern

Der Heap ist ein Bereich im Speicher, der alle Objekte festhält, die erstellt werden, wenn ein Java-Programm läuft. Sie sollten die Größe des Heaps nur ändern, wenn er größer sein soll, als er standardmäßig ist. Entstehen Leistungsprobleme oder werden Sie mit der Permanent Generation-Fehlermeldung (PermGen) `java.lang.OutOfMemoryError` konfrontiert, könnte es sein, dass Sie zu wenig Heap-Speicher haben.

Metaspace

Nativer Speicher wird für die Repräsentation von Klassenmetadaten verwendet. Dieser Speicherbereich wird als Metaspace bezeichnet. Metaspace ist der Nachfolger des PermGen-Modells. Deswegen treten bei der JDK 8 HotSpot JVM keine PermGen-OutOfMemoryError mehr auf. JVisualVM bietet Analyseunterstützung für den Metaspace, sollten Speicherlöcher auftreten.

Interaktion mit der GC

Die Interaktion mit dem Garbage Collector kann durch einen expliziten Aufruf oder durch Überschreiben der finalize-Methode erfolgen.

Explizite Garbage Collection

Der Aufruf des Garbage Collector kann explizit mit System.gc() oder Runtime.getRuntime().gc() angefordert werden. Ein expliziter Aufruf der GC sollte in der Regel aber vermieden werden, weil er vollständige Collections erzwingt (wenn partielle Collections ausreichen könnten) und die Pausenzeiten dadurch unnötig erhöht würden. Die Anforderung von System.gc() wird nicht immer erfüllt, da die JVM sie ignorieren kann und das gelegentlich auch tut.

Finalisierung

Jedes Objekt hat eine finalize()-Methode, die von der Klasse Object geerbt wird. Bevor er ein Objekt zerstört, kann der Garbage Collector diese Methode aufrufen. Der Aufruf wird jedoch nicht garantiert, die Standardimplementierung der finalize()-Methode tut nichts. Aber obgleich es nicht empfohlen wird, kann diese Methode überschrieben werden:

```
public class TempClass extends SuperClass {
  ...
  // Wird ausgeführt, wenn die Garbage Collection ausgeführt wird
  protected void finalize() throws Throwable {
    try {
```

```
        /* Hier kommt die gewünschte Funktionalität hin */
      } finally {
        // Optional können Sie die finalize()-Methode
        // der Basisklasse aufrufen.
        super.finalize(); // Oberklassenaufruf
      }
    }
  }
```

Das folgende Beispiel zerstört ein Objekt:

```
    public class MainClass {
      public static void main(String[] args) {
        TempClass t = new TempClass();
        // Referenzen auf Objekt werden entfernt
        t = null;
        // GC wird angefordert
        System.gc();
      }
    }
```

KAPITEL 12

Elementare Eingabe und Ausgabe

Java bietet mehrere Klassen für grundlegende Ein- und Ausgabeoperationen, von denen wir einige in diesem Kapitel behandeln werden. Die elementarsten Klassen können genutzt werden, um Dateien, Sockets oder Konsoleneingaben zu lesen bzw. in sie zu schreiben. Sie bieten außerdem Einrichtungen, um mit Dateien und Verzeichnissen zu arbeiten und Daten zu serialisieren. Java-I/O-Klassen lösen Exceptions aus, einschließlich der IOException, die behandelt werden müssen.

Java I/O-Klassen bieten außerdem Unterstützung für die Formatierung von Daten, die Komprimierung und Dekomprimierung von Streams, das Ver- und Entschlüsseln und die Kommunikation zwischen Threads über verkettete Streams.

Die neuen I/O-APIs (NIO), die in Java 1.4 eingeführt wurden, bieten zusätzliche I/O-Fähigkeiten, unter anderem Buffering, Dateisperren, Mustervergleiche mit regulären Ausdrücken, skalierbare Netzwerkoperationen und Buffer-Management.

NIO.2 wurde in Java SE 7 eingeführt und wird im nächsten Kapitel behandelt. NIO.2 erweitert NIO und beinhaltet ein neues Dateisystem.

Die Standard-Streams in, out und err

Java nutzt drei Standard-Streams: in, out und err.

System.in ist der Standardeingabe-Stream, der verwendet wird, um Daten vom Benutzer in das Programm zu bekommen:

```
byte teamName[] = new byte[200];
int size = System.in.read(teamName);
System.out.write(teamName,0,size);
```

System.out ist der Standardausgabe-Stream, der verwendet wird, um für den Benutzer Daten aus einem Programm auszugeben:

```
System.out.print("Team vollständig");
```

System.err ist der Standardfehler-Stream, der verwendet wird, um aus dem Programm Fehlerinformationen für den Benutzer auszugeben:

```
System.err.println("Nicht genug Spieler");
```

Beachten Sie, dass alle diese Methoden eine IOException auslösen können.

TIPP

Die in Java SE 6 eingeführte Klasse Console bietet eine Alternative zu den Standard-Streams für die Interaktion mit einer Kommandozeilenumgebung.

Klassenhierarchie für die einfache Eingabe und Ausgabe

Abbildung 12-1 zeigt die Klassenhierarchie für häufig verwendete Reader, Writer sowie Eingabe- und Ausgabe-Streams. Beachten Sie, dass I/O-Klassen verkettet werden können, um mehrere Effekte zu zielen.

Die Reader- und Writer-Klassen werden genutzt, um Zeichendaten (Text) zu lesen und zu schreiben. Die Klassen InputStream und OutputStream werden üblicherweise zum Lesen und Schreiben von Binärdaten verwendet.

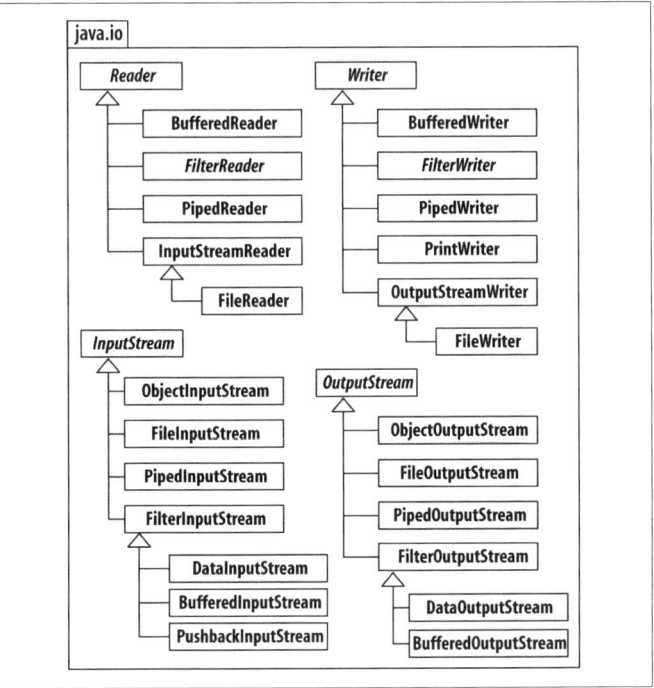

Abbildung 12-1: Häufig verwendete Reader, Writer und Eingabe-/Ausgabe-Streams

Dateien lesen und schreiben

Java bietet Einrichtungen, die das Lesen aus und Schreiben in Systemdateien erleichtern.

Zeichendaten aus einer Datei lesen

Wenn Sie Zeichendaten aus einer Datei lesen wollen, nutzen Sie einen BufferedReader. Es kann auch ein FileReader verwendet werden, aber dieser ist weniger effizient, wenn es um eine große Datenmenge geht. Der Aufruf readLine() liest eine Textzeile aus der Datei. Sobald das Lesen abgeschlossen ist, schließt ein close()-Aufruf auf dem BufferedReader die Datei:

```
BufferedReader bReader = new BufferedReader
    (new FileReader("Master.txt"));
String lineContents;
while ((lineContents = bReader.readLine())
    != null) {...}
bReader.close();
```

Sie sollten erwägen, die NIO.2-Methode Files.newBufferedReader(<path>,<charset>); zu nutzen, um die implizite Annahme in Bezug auf die Dateikodierung zu vermeiden.

Binäre Daten aus einer Datei lesen

Nutzen Sie einen DataInputStream, um binäre Daten aus einer Datei zu lesen. read() liest die Daten aus dem Eingabe-Stream. Beachten Sie, dass Sie InputStream nutzen sollten, wenn nur ein Array von Bytes gelesen werden soll:

```
DataInputStream inStream = new DataInputStream
    (new FileInputStream("Team.bin"));
inStream.read();
```

Wenn eine große Datenmenge gelesen werden muss, sollten Sie ebenfalls einen BufferedInputStream verwenden, um das Lesen der Daten effizienter zu machen:

```
DataInputStream inStream = new DataInputStream
(new BufferedInputStream(new FileInputStream(team)));
```

Binäre Daten, die gelesen wurden, können mit den Methoden in der Klasse PushbackInputStream wieder in den Stream eingesetzt werden:

```
unread(int i);    // Ein einzelnes Byte zurückschieben
unread(byte[] b); // Ein Byte-Array zurückschieben
```

Zeichendaten in eine Datei schreiben

Wenn Sie Zeichendaten in eine Datei schreiben wollen, nutzen Sie einen PrintWriter. Rufen Sie die close()-Methode der Klasse

`PrintWriter` auf, wenn das Schreiben in den Ausgabe-Stream abgeschlossen ist:

```
String in = "Eine gewaltige Textzeile";
PrintWriter pWriter = new PrintWriter
  (new FileWriter("CoachList.txt"));
pWriter.println(in);
pWriter.close();
```

Text kann auch mit einem `FileWriter` in eine Datei geschrieben werden, wenn die Menge zu schreibenden Texts nur gering ist. Beachten Sie, dass die an `FileWriter` übergebene Datei automatisch erstellt wird, sollte sie noch nicht vorhanden sein:

```
FileWriter fWriter = new
  FileWriter("CoachList.txt");
fwriter.write("Das ist die Trainer-Liste.");
fwriter.close();
```

Binäre Daten in eine Datei schreiben

Binäre Daten schreiben Sie mit einem `DataOutputStream`. `writeInt()` schreibt ein Array mit Ints in den Ausgabe-Stream:

```
File positions = new File("Positions.bin");
Int[] pos = {0, 1, 2, 3, 4};
DataOutputStream outStream = new DataOutputStream
    (new FileOutputStream(positions));
for (int i = 0; i < pos.length; i++)
  outStream.writeInt(pos[i]);
```

Wenn eine große Datenmenge geschrieben wird, sollten Sie außerdem einen `BufferedOutputStream` nutzen:

```
DataOutputStream outStream = new DataOutputStream
(new BufferedOutputStream(positions));
```

Sockets lesen und schreiben

Java bietet Einrichtungen, die das Lesen aus und Schreiben an System-Sockets einfach gestalten.

Zeichendaten aus einem Socket lesen

Wenn Sie Zeichendaten aus einem Socket lesen wollen, stellen Sie die Verbindung mit dem Socket her und nutzen dann einen BufferedReader, um die Daten zu lesen:

```
Socket socket = new Socket("127.0.0.1", 64783);
InputStreamReader reader = new InputStreamReader
    (socket.getInputStream());
BufferedReader bReader = new BufferedReader(reader);
String msg = bReader.readLine();
```

BufferedReader führt in Java SE 8 die lines()-Methode ein, die im Zusammenhang mit der neuen Stream-API steht. Diese Methode liefert einen Stream, dessen Elemente Zeilen sind, die verzögert aus dem Kontext-BufferedReader gelesen werden.

Binäre Daten aus einem Socket lesen

Binäre Daten lesen Sie mit einem DataInputStream. read() liest die Daten aus dem Eingabe-Stream. Beachten Sie, dass die Klasse Socket Teil von java.net ist:

```
Socket socket = new Socket("127.0.0.1", 64783);
DataInputStream inStream = new DataInputStream
    (socket.getInputStream());
inStream.read();
```

Wenn eine große Menge Daten gelesen wird, sollten Sie außerdem einen BufferedInputStream nutzen, um das Lesen der Daten effizienter zu machen:

```
DataInputStream inStream = new DataInputStream
(new BufferedInputStream(socket.getInputStream()));
```

Zeichendaten an ein Socket schreiben

Wollen Sie Zeichendaten an ein Socket schreiben, stellen Sie eine Verbindung zu dem Socket her und erstellen und nutzen dann einen PrintWriter, um die Zeichendaten in das Socket zu schreiben:

```
Socket socket = new Socket("127.0.0.1", 64783);
PrintWriter pWriter = new PrintWriter
```

```
  (socket.getOutputStream());
pWriter.println("Papa, wir haben das Spiel gewonnen.");
```

Binäre Daten an ein Socket schreiben

Binäre Daten schreiben Sie mit einem `DataOutputStream`. `write()` schreibt die Daten in den Ausgabe-Stream:

```
byte positions[] = new byte[10];
Socket socket = new Socket("127.0.0.1", 64783);
DataOutputStream outStream = new DataOutputStream
  (socket.getOutputStream());
outStream.write(positions, 0, 10);
```

Muss eine große Datenmenge geschrieben werden, sollten Sie zusätzlich einen `BufferedOutputStream` verwenden:

```
DataOutputStream outStream = new DataOutputStream
(new BufferedOutputStream(socket.getOutputStream()));
```

Serialisierung

Wenn eine Version eines Objekts (und alle darauf bezogenen Daten, die wiederhergestellt werden müssen) als Byte-Array gespeichert werden soll, muss die Klasse des Objekts das Interface `Serializable` implementieren. Beachten Sie, dass Datenmember, die als `transient` deklariert sind, in das serialisierte Objekt nicht eingeschlossen werden. Geben Sie acht, wenn Sie serialisieren und deserialisieren, da Änderungen an einer Klasse, z. B. die Änderung der Position der Klasse in der Klassenhierarchie, das Löschen eines Felds, die Änderung eines Felds in nicht-transient oder statisch oder die Verwendung einer anderen JVM, die Wiederherstellung eines Objekts beeinträchtigen können.

Die Klassen `ObjectOutputStream` und `ObjectInputStream` können genutzt werden, um Objekte zu serialisieren und zu deserialisieren.

Serialisieren

Ein Objekt serialisieren Sie mit einem `ObjectOutputStream`:

```
ObjectOutputStream s = new
  ObjectOutputStream(new FileOutputStream("p.ser"));
```

Ein Beispiel für die Serialisierung ist dieses:

```
ObjectOutputStream oStream = new
   ObjectOutputStream(new
   FileOutputStream("PlayerDat.ser"));
oStream.writeObject(player);
oStream.close();
```

Deserialisierung

Sie deserialisieren ein Objekt (d. h., Sie wandeln es von einer flachen Version des Objekts in ein verwendbares Objekt um), indem Sie einen ObjectInputStream verwenden, die Datei lesen und die Daten dann auf den erforderlichen Objekttyp casten:

```
ObjectInputStream d = new
   ObjectInputStream(new FileInputStream("p.ser"));
```

Dies ist ein Beispiel für die Deserialisierung:

```
ObjectInputStream iStream = new
    ObjectInputStream(new
    FileInputStream("PlayerDat.ser"));
Player p = (Player) iStream.readObject();
```

Verpacken und Entpacken von Dateien

Java bietet Klassen für die Erstellung komprimierter ZIP- und GZIP-Dateien. ZIP archiviert mehrere Dateien, während GZIP eine einzige Datei archiviert.

Nutzen Sie ZipOutputStream, um Dateien zu komprimieren, und ZipInputSteam, um sie zu dekomprimieren:

```
ZipOutputStream zipOut = new ZipOutputStream(
    new FileOutputStream("out.zip"));
String[] fNames = new String[] {"f1", "f2"};
for (int i = 0; i < fNames.length; i++) {
ZipEntry entry = new ZipEntry(fNames[i]);
File InputStream fin =
    new FileInputStream(fNames[i]);
try {
  zipOut.putNextEntry(entry);
  for (int a = fin.read();
    a != -1; a = fin.read()) {
```

```
        zipOut.write(a);
    }
    fin.close();
    zipOut.close();
  } catch (IOException ioe) {...}
}
```

Sie entpacken eine Datei, indem Sie einen `ZipInputStream` verwenden, seine `getNextEntry()`-Methode aufrufen und die Datei in einen `OutputStream` lesen.

GZIP-Dateien komprimieren und dekomprimieren

Eine GZIP-Datei komprimieren Sie, indem Sie einen neuen `GZIPOutputStream` erstellen, den Namen einer Datei mit der Dateinamenserweiterung *.gzip* angeben und dann die Daten aus dem `GZIPOutputStream` an den `FileInputStream` übergeben.

Eine GZIP-Datei dekomprimieren Sie, indem Sie einen `GZipInputStream` verwenden, einen neuen `FileOutputStream` erstellen und die Daten in ihn einlesen.

KAPITEL 13

Die New I/O-API (NIO.2)

NIO.2 wurde mit dem JDK 7 eingeführt, um die Datei-I/O-Unterstützung zu verbessern und Zugriff auf das Standarddateisystem zu bieten. NIO.2 wird von den Packages java.nio.file und java.nio.file.attribute gekapselt. Die NIO.2-API ist auch als »JSR 203: More New I/O APIs for the Java Platform« bekannt. Beliebte Interfaces aus dieser API sind Path, PathMatcher, FileVisitor und WatchService. Beliebte Klassen aus dieser API sind Paths und Files.

Das Path-Interface

Das Interface Path kann genutzt werden, um mit Dateien und Verzeichnispfaden zu arbeiten. Diese Klasse ist eine verbesserte Version der Klasse java.io.File. Der folgende Code zeigt, wie man einige Methoden des Interface Path und der Klasse Paths nutzen kann, um Informationen abzurufen:

```
Path p = Paths.get("\\opt\\jpgTools\\README.txt");
System.out.println(p.getParent()); // \opt\jpgTools
System.out.println(p.getRoot()); // \
System.out.println(p.getNameCount()); // 3
System.out.println(p.getName(0)); // opt
System.out.println(p.getName(1)); // jpgTools
System.out.println(p.getFileName()); // README.txt
System.out.println(p.toString()); // Der vollständige Pfad
```

Die Klasse Path bietet weitere Einrichtungen, die in Tabelle 13-1 ausführlich erläutert werden.

Tabelle 13-1: Path-Interface-Funktionen

Path-Methode	Funktion
path.toUri()	Wandelt einen Pfad in ein URI-Objekt um.
path.resolve(*Path*)	Verknüpft zwei Pfade.
path.relativize(*Path*)	Konstruiert einen Pfad von einem Punkt zu einem anderen.
path.compareTo(*Path*)	Vergleicht zwei Pfade miteinander.

Die Klasse Files

Die Klasse Files kann genutzt werden, um Dateien oder Verzeichnisse zu erstellen, zu prüfen, zu löschen, zu kopieren oder zu verschieben. Der folgende Code illustriert einige häufig verwendete Methoden der Klasse Files:

```
// Verzeichnis erstellen
Files.createDirectories("\\opt\\jpg");
// Path-Objekte instanziieren
Path target1 = Paths.get("\\opt\\jpg\\README1.txt");
Path p1 = Files.createFile(target1);
Path target2 = Paths.get("\\opt\\jpg\\README2.txt");
Path p2 = Files.createFile(target2);
// Dateiattribute prüfen
System.out.println(Files.isReadable(p1));
System.out.println(Files.isReadable(p2));
System.out.println(Files.isExecutable(p1));
System.out.println(Files.isSymbolicLink(p1));
System.out.println(Files.isWritable(p1));
System.out.println(Files.isHidden(p1));
System.out.println(Files.isSameFile(p1, p2));

// Beispiele löschen, verschieben oder kopieren
Files.delete(p2);
System.out.println(Files.move(p1, p2));
System.out.println(Files.copy(p2, p1));
Files.delete(p1);
Files.delete(p2);
```

Die move-Methode akzeptiert die Varargs-Enumerationswerte RE-PLACE_EXISTING und ATOMIC_MOVE. REPLACE_EXISTING verschiebt die Datei auch, wenn sie bereits existiert. ATOMIC_MOVE sichert, dass jeder Prozess, der das Verzeichnis überwacht, auf die gesamte Datei zugreifen kann.

Die copy-Methode akzeptiert die Varargs-Enumerationswerte RE-PLACE_EXISTING, COPY_ATTRIBUTES und NOFOLLOW_LINKS. REPLACE_EXISTING kopiert die Datei auch, wenn sie bereits besteht. COPY_ATTRIBUTES kopiert die Dateiattribute. NOFOLLOW_LINKS kopiert die Links, aber nicht das Ziel.

Die Methoden lines, list, walk und find wurden der Klasse Files in Bezug auf die Stream-API hinzugefügt. Die Methode lines liest verzögert einen Stream von Zeilen. Die Methode list liest verzögert eine Liste von Verzeichniseinträgen, und die Methode walk durchläuft die Einträge rekursiv. Die Methode find sucht verzögert einen Path, indem sie in dem Verzeichnisbaum, dessen Wurzel sich an einem bestimmten Dateiknoten befindet, nach Dateien sucht.

Zusätzliche Funktionen

Die NIO 2.0 API bietet außerdem die folgenden Einrichtungen, die man für die tägliche Arbeit kennen sollte. Fragen zu diesen Einrichtungen sind auch Teil des Oracle Certified Professional Java SE 7 Programmer Exam. Diese Dinge werden hier nicht behandelt, da sie eher für ein Tutorial oder Lehrbuch geeignet sind:

- Die Möglichkeit, ein Verzeichnis mit dem WatchService-Interface zu überwachen.
- Die Möglichkeit, mit dem FileVisitor-Interface rekursiv auf Verzeichnisbäume zuzugreifen.
- Die Möglichkeit, mit dem funktionellen Interface PathMatcher Dateien zu suchen.

Da PathMatcher ein funktionelles Interface ist, kann es in Verbindung mit Lambda-Ausdrücken verwendet werden.

```
PathMatcher matcher = (Path p) -> {
  // returns boolean
  return (p.toString().contains("Welt"));
};
Path path =  FileSystems.getDefault().getPath(
  "\\opt\\jpg\\HelloWorld.java");
System.out.print("Gefunden: " +
matcher.matches(path));

$ Gefunden: true
```

TIPP

Zum Durchlaufen von Verzeichnissen können Sie auch das neue funktionelle Interface `java.nio.file.DirectoryStream` in Verbindung mit der verbesserten for-Schleife nutzen.

KAPITEL 14

Nebenläufigkeit

Threads ermöglichen in Java, mehrere Prozessoren oder mehrere Kerne in einem Prozessor effizienter zu nutzen. Auf Systemen mit nur einem Prozessor ermöglichen Threads nebenläufige Operationen, z. B. parallele Ein-/Ausgabeoperationen und die Verarbeitung der gelesenen Daten.

Java unterstützt die Multi-Threading-Programmierung mit der Klasse Thread und dem Interface Runnable.

Threads erstellen

Threads können auf zweierlei Weise erstellt werden, entweder durch Erweiterung von java.lang.Thread oder durch Implementierung von java.lang.Runnable.

Die Klasse Thread erweitern

Eine Thread-fähige Klasse kann erstellt werden, indem die Klasse Thread erweitert und die Methode run() überschrieben wird. Das ist eine einfache Möglichkeit, einen Thread zu starten:

```
class Comet extends Thread {
  public void run() {
    System.out.println("Auf der Bahn");
    orbit();
  }
}

Comet halley = new Comet();
hally.run();
```

Denken Sie daran, dass immer nur eine Oberklasse erweitert werden kann. Eine Klasse, die Thread erweitert, kann also keine andere Oberklasse erweitern.

Das Interface Runnable implementieren

Eine Thread-fähige Klasse kann ebenfalls erstellt werden, indem das funktionelle Interface Runnable implementiert und seine run()-Methode definiert wird.

```
class Asteroid implements Runnable {
  public void run() {
    System.out.println("Auf der Bahn");
    orbit();
  }
}

Asteroid majaAsteroid = new Asteroid();
Thread majaThread = new Thread(majaAsteroid);
majaThread.run();
```

Eine einzige Runnable-Instanz kann an mehrere Thread-Objekte übergeben werden. Alle Threads führen die gleiche Operation durch, wie hier nach dem Lambda-Ausdruck gezeigt wird:

```
Runnable asteroid = () -> {
  System.out.println("Auf der Bahn");
  orbit();
};
Thread asteroidThread1 = new Thread(asteroid);
Thread asteroidThread2 = new Thread(asteroid);
asteroidThread1.run();
asteroidThread2.run();
```

Thread-Zustände

Die Enumeration Thread.state kennt sechs Thread-Zustände, die in Tabelle 14-1 aufgeführt werden.

Tabelle 14-1: Thread-Zustände

Thread-Zustand	Beschreibung
NEW	Ein Thread, der erstellt, aber noch nicht gestartet ist.
RUNNABLE	Ein Thread, der ausführbereit ist.

Tabelle 14-1: Thread-Zustände (Fortsetzung)

Thread-Zustand	Beschreibung
BLOCKED	Ein »lebendiger« Thread, der blockiert ist, weil er auf eine Monitor-sperre wartet.
WAITING	Ein »lebendiger« Thread, der seine eigene wait()- oder join()-Methode aufruft, während er auf einen anderen Thread wartet.
TIMED_WAITING	Ein »lebendiger« Thread, der eine vorgegebene Zeit auf einen anderen Thread wartet – ein »schlafender« Thread.
TERMINATED	Ein Thread, der beendet ist.

Thread-Priorität

Der zulässige Bereich für Prioritätswerte liegt üblicherweise zwischen 1 und 10; der Standardwert ist 5. Thread-Priorität ist einer der am wenigsten portablen Aspekte von Java, da der Wertebereich und der Standardwert von JVM zu JVM anders sein kann. Die Prioritätswerte können mit MIN_PRIORITY, NORM_PRIORITY und MAX_PRIORITY ermittelt werden.

```
System.out.print(Thread.MAX_PRIORITY);
```

Threads mit geringerer Priorität lassen Threads mit höherer Priorität den Vorrang.

Häufig verwendete Methoden

Tabelle 14-2 führt Methoden aus der Klasse Thread auf, die bei der Arbeit mit Threads häufig zum Einsatz kommen.

Tabelle 14-2: Thread-Methoden

Methode	Beschreibung
getPriority()	Liefert die Priorität des Threads.
getState()	Liefert den Status des Threads.
interrupt()	Unterbricht den Thread.
isAlive()	Prüft, ob der Thread »lebendig« ist.
isInterrupted()	Prüft, ob der Thread unterbrochen ist.
join()	Bewirkt, dass der Thread, der diese Methode aufruft, wartet, bis der Thread, der durch dieses Objekt repräsentiert wird, beendet wird.

Tabelle 14-2: Thread-Methoden (Fortsetzung)

Methode	Beschreibung
setPriority(int)	Setzt die Priorität des Threads.
start()	Versetzt den Thread in einen ausführbaren Zustand.

Tabelle 14-3 enthält Methoden aus der Klasse Object, die häufig bei der Arbeit mit Threads verwendet werden.

Tabelle 14-3: Methoden aus der Klasse Object, die für Threads verwendet werden

Methode	Beschreibung
notify()	Weist einen Thread an, aufzuwachen und fortzufahren.
notifyAll()	Weist alle Threads, die auf einen anderen Thread oder eine Ressource warten, an, aufzuwachen; dann wählt der Scheduler einen der Threads für die Ausführung aus.
wait()	Hält einen Thread im Wartezustand, bis ein anderer Thread notify() oder notifyAll() aufruft.

TIPP

Aufrufe von wait() und notify() lösen eine InterruptedException aus, wenn sie auf einem Thread aufgerufen werden, dessen Interrupted-Flag auf true gesetzt ist.

Tabelle 14-4 führt alle häufig für Threads verwendeten statischen Methoden aus der Klasse Thread auf (z. B. Thread.sleep(1000)).

Tabelle 14-4: Statische Thread-Methoden

Methode	Beschreibung
activeCount()	Liefert die Anzahl an Threads in der aktuellen Thread-Gruppe.
currentThread()	Liefert eine Referenz auf den aktuell laufenden Thread.
interrupted()	Prüft, ob der aktuell laufende Thread unterbrochen ist.
sleep(long)	Blockiert den aktuell laufenden Thread für die angegebene Anzahl von Millisekunden.
yield()	Hält den aktuellen Thread an, damit andere Threads ausgeführt werden können.

Synchronisierung

Das Schlüsselwort synchronized bietet ein Mittel, Sperren (Locks) auf Blöcke und Methoden anzuwenden. Sperren sollten auf Blöcke und Methoden angewandt werden, die auf wichtige gemeinsam genutzte Ressourcen zugreifen. Sperren beginnen und enden mit öffnenden und schließenden geschweiften Klammern. Nachfolgend sehen Sie einige Beispiele für synchronisierte Blöcke und Methoden.

Objektinstanz t mit einer synchronisierten Sperre:

```
synchronized (t) {
  // Blockinhalt
}
```

Objektinstanz this mit einer synchronisierten Sperre:

```
synchronized (this) {
  // Blockinhalt
}
```

Methode raise() mit einer synchronisierten Sperre:

```
// Äquivalentes Codesegment 1
synchronized void raise() {
  // Methodenrumpf
}

// Äquivalentes Codesegment 2
void raise() {
  synchronized (this) {
    // Methodenrumpf
  }
}
```

Eine statische calibrate()-Methode mit einer synchronisierten Sperre:

```
class Telescope {
  synchronized static void calibrate() {
    // Methodenrumpf
  }
}
```

Das Concurrent-Package bietet zusätzliche Mittel zur Umsetzung und Steuerung von Nebenläufigkeit.

Concurrent-Package

Java 2 SE 5.0 hat Hilfsklassen für die nebenläufige Programmierung eingeführt. Diese Werkzeuge befinden sich im Package java.util. concurrent und umfassen Exekutoren, nebenläufige Collections- und Timing-Werkzeuge.

Exekutoren

Die Klasse ThreadPoolExecutor und ihre Unterklasse Scheduled- ThreadPoolExecutor implementieren das Executor-Interface, um konfigurierbare, flexible Thread-Pools zu stellen. Thread-Pools ermöglichen Serverkomponenten, die Wiederverwendbarkeit von Threads zu nutzen.

Die Klasse Executors bietet Fabrikmethoden (Objekterstellungsmethoden) und Hilfsmethoden. Die folgenden davon sind für die Erstellung von Thread-Pools gedacht:

newCachedThreadPool()
    Erstellt einen unbegrenzten Thread-Pool, der Threads automatisch wiederverwendet.

newFixedThreadPool(int nThreads)
    Erstellt einen Thread-Pool fester Größe, der automatisch Threads aus einer gemeinsam genutzten unbegrenzten Queue wiederverwendet.

newScheduledThreadPool(int corePoolSize)
    Erstellt einen Thread-Pool, für den Befehle periodisch oder in einem vorgegebenen Zeitabstand ausgeführt werden können.

newSingleThreadExecutor()
> Erstellt einen Ein-Thread-Exekutor, der aus einer unbegrenzten Queue operiert.

newSingleThreadScheduledExecutor()
> Erstellt einen Ein-Thread-Exekutor, für den Befehle periodisch oder in einem vorgegebenen Zeitabstand ausgeführt werden können.

Das folgende Beispiel illustriert die Verwendung der Fabrikmethode newFixedThreadPool:

```java
import java.util.concurrent.Executors;
import java.util.concurrent.ExecutorService;

public class ThreadPoolExample {
  public static void main() {
    // Task erstellen
    // (aus 'class RTask implements Runnable')
    RTask t1 = new RTask("thread1");
    RTask t2 = new RTask("thread2");

    // Thread-Manager erstellen
    ExecutorService threadExecutor =
        Executors.newFixedThreadPool(2);

    // Threads ausführbar machen
    threadExecutor.execute(t1);
    threadExecutor.execute(t2);

    // Threads herunterfahren
    threadExecutor.shutdown();
  }
}
```

Nebenläufige Collections

Obgleich Collection-Typen auch synchronisiert werden können, ist es am besten, Thread-sichere Klassen zu verwenden, die die gleichen Einrichtungen stellen. Diese werden in Tabelle 14-5 vorgestellt.

Tabelle 14-5: Collections und ihre Thread-sicheren Entsprechungen

Collection-Klasse	Thread-sichere Entsprechung
HashMap	ConcurrentHashMap
TreeMap	ConcurrentSkipListMap
TreeSet	ConcurrentSkipListSet
Map subtypes	ConcurrentMap
List subtypes	CopyOnWriteArrayList
Set subtypes	CopyOnWriteArraySet
PriorityQueue	PriorityBlockingQueue
Deque	BlockingDeque
Queue	BlockingQueue

Synchronisierer

Synchronisierer sind Synchronisierungswerkzeuge mit jeweils einem bestimmten Zweck. Die verfügbaren Synchronisierer werden in Tabelle 14-6 aufgeführt.

Tabelle 14-6: Synchronisierer

Synchronisierer	Beschreibung
Semaphore	Erlaubt einer bestimmte Anzahl von Threads den Zugriff.
CountDownLatch	Implementiert Countdown-basierte Wartevorgänge.
CyclicBarrier	Implementiert Wartevorgänge, die auf der Anzahl wartender Threads basieren.
Exchanger	Implementiert einen Synchronisierungspunkt, an dem Threads Elemente austauschen können.

Timing-Werkzeug

Die Enumeration TimeUnit wird häufig verwendet, um zeitgesteuerte Methoden darüber zu informieren, wie ein bestimmter Timing-Parameter ausgewertet werden soll. Das folgende Beispiel zeigt dies. Die verfügbaren TimeUnit-Enum-Konstanten werden in Tabelle 14-7 aufgeführt.

```
// tyrLock (long time, TimeUnit unit)
if (lock.tryLock(15L, TimeUnit.DAYS)) {...} //15 Tage
```

Tabelle 14-7: TimeUnit-Konstanten

Konstanten	Einheitsdefinition	Einheit (Sekunden)	Abkürzung
NANOSECONDS	1/1000 \Ms	.000000001	ns
MICROSECONDS	1/1000 ms	.000001	\Ms
MILLISECONDS	1/1000 Sek	.001	ms
SECONDS	1 Sek	1	Sek
MINUTES	60 Sek	60	Min
HOURS	60 Min	3600	St
DAYS	24 St	86400	T

KAPITEL 15

Java Collections-Framework

Das Java Collections-Framework bietet eine Vielzahl von Collections in einem hierarchischen System. Es besteht im Wesentlichen aus Interfaces, Implementierungen und Algorithmen.

Das Collection-Interface

Collections sind Objekte, die mehrere Elemente gruppieren und diese Elemente speichern, abrufen und manipulieren. Das Collection-Interface ist die Wurzel der Collection-Hierarchie. Subinterfaces von Collection sind unter anderem List, Queue und Set. Tabelle 15-1 führt diese Interfaces auf und gibt an, ob sie geordnet sind und ob sie Duplikate zulassen. Das Map-Interface wird in der Tabelle ebenfalls aufgeführt, da es Teil des Frameworks ist.

Tabelle 15-1: Häufig verwendete Collections

Interface	Geordnet	Duplikate	Anmerkungen
List	Ja	Ja	Positioneller Zugriff; Kontrolle über die Einfügung von Elementen
Map	Möglich	Nein (Schlüssel)	Eindeutige Schlüssel; maximal eine Wertzuordnung pro Schlüssel
Queue	Ja	Ja	Hält Elemente fest; üblicherweise FIFO
Set	Möglich	Nein	Eindeutigkeit ist wichtig

Implementierungen

Tabelle 15-2 führt häufig verwendete Collection-Implementierungen und die Interfaces, auf denen sie basieren, auf und gibt an, ob sie geordnet sind oder nicht und ob sie Duplikate enthalten dürfen oder nicht.

Tabelle 15-2: Collection-Typ-Implementierungen

Implementierung	Interface	Geordnet	Sor- tiert	Dupli- kate	Anmerkungen
ArrayList	List	Index	Nein	Ja	Schnelles größenverän- derliches Array
LinkedList	List	Index	Nein	Ja	Doppelt verkettete Liste
Vector	List	Index	Nein	Ja	Veraltet, synchronisiert
HashMap	Map	Nein	Nein	Nein	Schlüssel/Wert-Paare
Hashtable	Map	Nein	Nein	Nein	Veraltet, synchronisiert
LinkedHashMap	Map	Einfügung, letzter Zugriff	Nein	Nein	Verkettete Liste/ Hashtable
TreeMap	Map	Balanciert	Ja	Nein	Rot-Schwarz-Baum- Map
PriorityQueue	Queue	Priorität	Ja	Ja	Heap-Implementierung
HashSet	Set	Nein	Nein	Nein	Set für den schnellen Zugriff
LinkedHashSet	Set	Einfügung	Nein	Nein	Verkettete Liste/ Hashset
TreeSet	Set	Sortiert	Ja	Nein	Rot-Schwarz-Baum-Set

Methoden des Collections-Frameworks

Die Subinterfaces des Collection-Interface bieten eine Reihe von nützlichen Methodensignaturen. Diese werden in Tabelle 15-3 zusammengefasst.

Tabelle 15-3: Nützliche Subinterface-Methoden

Methode	List-Parameter	Set-Parameter	Map-Parameter	Liefert
add	Index, Element	Element	n/a	boolean
contains	Object	Object	n/a	boolean
containsKey	n/a	n/a	Schlüssel	boolean
containsValue	n/a	n/a	Wert	boolean
get	Index	n/a	Schlüssel	Object
indexOf	Object	n/a	n/a	int
iterator	keinen	keinen	n/a	Iterator
keySet	n/a	n/a	keinen	Set
put	n/a	n/a	Schlüssel, Wert	void
remove	Index oder Object	Object	Schlüssel	void
size	keinen	keinen	keinen	int

Collection.stream() liefert einen sequenziellen Stream mit der Kontext-Collection als Quelle. Collection.parallelStream() liefert einen parallelen Stream mit der Kontext-Collection als Quelle.

Collections-Klassenalgorithmen

Die Klasse Collections, die nicht mit dem Interface Collection verwechselt werden sollte, enthält eine Reihe wertvoller statistischer Methoden (d. h. Algorithmen). Diese Methoden können auf einer Vielzahl von Collection-Typen aufgerufen werden. Tabelle 15-4 führt häufig verwendete Collection-Klassenmethoden, ihre möglichen Parameter und Rückgabewerte auf.

Tabelle 15-4: Collections-Klassenalgorithmen

Methode	Parameter	Liefert
addAll	Collection <? super T>, T\u	boolean
max	Collection, [Comparator]	<T>
min	Collection, [Comparator]	<T>
disjoint	Collection, Collection	boolean
frequency	Collection, Object	int
asLifoQueue	Deque	Queue<T>
reverse	List	void

Tabelle 15-4: Collections-Klassenalgorithmen (Fortsetzung)

Methode	Parameter	Liefert
shuffle	List	void
copy	List Ziel, List Quelle	void
rotate	List, int Verschiebung	void
swap	List, int Position, int Position	void
binarySearch	List, Object	int
fill	List, Object	void
sort	List, Object, [Comparator]	void
replaceAll	List, Object alt, Object neu	boolean
newSetFromMap	Map	Set<E>

Mehr Informationen zu Typparametern (d.h., <T>) finden Sie in *Generics-Framework*, ab Seite 167.

Algorithmuseffizienz

Algorithmen und Datenstrukturen sind für verschiedene Zwecke optimiert – einige für den freien Zugriff zum Einfügen/Löschen, andere dafür, die Dinge in Ordnung zu halten. Sie müssen Algorithmen und Strukturen in Abhängigkeit von Ihren Bedürfnissen auswählen.

Häufig verwendete Algorithmen, ihre Typen und ihre durchschnittliche Zeiteffizienz werden in Tabelle 15-5 aufgeführt.

Tabelle 15-5: Algorithmuseffizienz

Algorithmen	Konkreter Typ	Zeit
get, set	ArrayList	0 (1)
add, remove	ArrayList	0 (n)
contains, indexOf	ArrayList	0 (n)
get, put, remove, containsKey	HashMap	0 (1)
add, remove, contains	HashSet	0 (1)
add, remove, contains	LinkedHashSet	0 (1)
get, set, add, remove (von beiden Seiten)	LinkedList	0 (1)
get, set, add, remove (vom Index)	LinkedList	0 (n)
contains, indexOf	LinkedList	0 (n)

Tabelle 15-5: Algorithmuseffizienz (Fortsetzung)

Algorithmen	Konkreter Typ	Zeit
peek	PriorityQueue	0 (1)
add, remove	PriorityQueue	0 (log n)
remove, get, put, containsKey	TreeMap	0 (log n)
add, remove, contains	TreeSet	0 (log n)

Landau-Symbole werden verwendet, um die Zeiteffizienz anzuzeigen. *n* zeigt dabei die Anzahl an Elementen an (siehe Tabelle 15-6).

Tabelle 15-6: Landau-Symbole

Notation	Beschreibung
0 (1)	Zeit ist konstant, unabhängig von der Anzahl an Elementen.
0 (n)	Zeil ist linear zur Anzahl an Elementen.
0 (log n)	Zeit verhält sich logarithmisch zur Anzahl an Elementen.
0 (n log n)	Zeit verhält sich »linearithmisch« zur Anzahl an Elementen.

Das funktionelle Interface Comparator

Verschiedene Methoden in der Klasse Collections erwarten, dass die Objekte in der Collection vergleichbar sind. Wenn es keine natürliche Sortierung gibt, kann eine Hilfsklasse das funktionelle Interface Comparator implementieren, um anzugeben, wie Objekte geordnet werden müssen:

```
public class Crayon {
  private String color;
  public Crayon(String color) {
    this.color = color;
  }
  public String getColor() {
    return color;
  }
  public void setColor(String color) {
    this.color = color;
  }
  public String toString() {
    return this.color;
  }
}
```

```
import java.util.Comparator;
public class CrayonSort implements Comparator <Crayon> {
  @Override
  public int compare (Crayon c1, Crayon c2) {
    return c1.getColor().compareTo(c2.getColor());
  }
}

import java.util.ArrayList;
import java.util.Collections;
public class CrayonApp {
  public static void main(String[] args) {
    Crayon crayon1 = new Crayon("gelb");
    Crayon crayon2 = new Crayon("grün");
    Crayon crayon3 = new Crayon("rot");
    Crayon crayon4 = new Crayon("blau");
    Crayon crayon5 = new Crayon("lila");
    ArrayList <Crayon> cList = new ArrayList <>();
    cList.add(crayon1);
    cList.add(crayon2);
    cList.add(crayon3);
    cList.add(crayon4);
    cList.add(crayon5);
    System.out.println("Unsortiert: " + cList );
    CrayonSort cSort = new CrayonSort(); // Hier
    Collections.sort(cList, cSort);
    System.out.println("Sortiert: " + cList );
  }
}

$ Unsortiert: [gelb, grün, rot, blau, lila]
$ Sorted: [blau, gelb, grün, lila, rot]
```

Die Klasse CrayonSort implementiert das Interface Comparator, das von der cSort-Instanz verwendet wurde. Alternativ hätte eine innere Klasse erstellt werden können, um den Aufwand der Erstellung einer separaten CrayonSort-Klasse zu umgehen:

```
Comparator<Crayon> cSort = new Comparator <Crayon>()
{
  public int compare(Crayon c1, Crayon c2) {
    return c1.getColor().compareTo(c2.getColor());
  }
};
```

Da Comparator ein funktionelles Interface ist, hätte ein Lambda-Ausdruck verwendet werden können, um den Code lesbarer zu machen:

```
Comparator <Crayon> cSort = (Crayon c1, Crayon c2)
  -> c1.getColor().compareTo(c2.getColor());
```

Klassennamen müssen in der Argumentliste nicht explizit angegeben werden, da Lambda-Ausdrücke den Zieltyp kennen. Sie könnten also (c1, c2) statt (Crayon c1, Crayon c2) verwenden:

```
// Beispiel 1
Comparator <Crayon> cSort = (c1, c2)
  -> c1.getColor().compareTo(c2.getColor());
Collections.sort(cList, cSort);

// Beispiel 2
Collections.sort(cList, (c1, c2)
  -> c1.getColor().compareTo(c2.getColor()));
```

KAPITEL 16

Generics-Framework

Das Generics-Framework wurde in Java SE 5.0 eingeführt und in Java SE 7 und 8 verbessert. Es bietet Einrichtungen, die uns die Parametrisierung von Typen ermöglichen.

Der Vorteil von Generics ist, dass der Code, der bei der Entwicklung von Bibliotheken geschrieben werden muss, erheblich reduziert wird. Ein weitere Vorteil ist, dass man in vielen Situationen keine Casts mehr benötigt.

Die Klassen im Collections-Framework, die Klasse Class und die anderen Java-Bibliotheken wurden so aktualisiert, dass sie Generics umfassen.

Eine erschöpfende Behandlung des Generics-Frameworks finden Sie in *Java Generics and Collections* (*http://shop.oreilly.com/product/9780596527754.do*) von Maurice Naftalin und Philip Wadler (O'Reilly, 2006).

Generische Klassen und Interfaces

Generische Klassen und Interfaces parametrisieren Typen, indem sie Typparameter in spitzen Klammern (beispielsweise <T>) hinzufügen. Der Typ wird an der Stelle der spitzen Klammern instanziiert.

Nachdem er instanziiert ist, wird der generische Typparameter in der gesamten Klasse für die Methoden angewandt, für die der gleiche Typ angegeben wird. Die add()- und get()-Methoden des folgenden Beispiels nutzen den parametrisierten Typ als Parameterargument bzw. Rückgabetyp:

```java
public interface List <E> extends Collection<E>{
  public boolean add(E e);
  E get(int index);
}
```

Wird eine Variable eines parametrisierten Typs deklariert, wird ein konkreter Typ (z. B. <Integer>) angegeben, der anstelle des Typparameters (wie <E>) verwendet werden soll.

Folglich verschwindet die Notwendigkeit, beim Abruf von Elementen aus Collections einen Cast einzusetzen:

```java
// Collection List/ArrayList mit Generics
List<Integer> iList = new ArrayList<Integer>();
iList.add(1000);
// Kein expliziter Cast erforderlich
Integer i = iList.get(0);

// Collection List/ArrayList ohne Generics
List iList = new ArrayList();
iList.add(1000);
// Expliziter Cast erforderlich
Integer i = (Integer)iList.get(0);
```

Der Diamantoperator <> wurde in Java SE 7 eingeführt, um die Erstellung generischer Typen zu vereinfachen und überflüssige Tipparbeiten einzusparen:

```java
// Ohne Diamantoperator
List<Integer> iList1 = new ArrayList<Integer>();
// Mit Diamantoperator
List<Integer> iList2 = new ArrayList<>();
```

Konstruktoren mit Generics

Konstruktoren generischer Klassen müssen keine generischen Typparameter als Argumente haben:

```java
// Generische Klasse
public class SpecialList <E> {
  // Konstruktor ohne Argumente
  public SpecialList() {...}
  public SpecialList(String s) {...}
}
```

Ein generisches Objekt dieser Klasse könnte folgendermaßen instanziiert werden:

```
SpecialList<String> b = new
        SpecialList<String>();
```

Wenn ein Konstruktor für eine generische Klasse einen Parametertyp wie String hat, könnte das generische Objekt folgendermaßen instanziiert werden:

```
SpecialList<String> b = new
      SpecialList<String>("Joan Marie");
```

Substitutionsprinzip

Wie in *Java Generics and Collections* (O'Reilly) erläutert, gestattet das Substitutionsprinzip, Untertypen zu nutzen, wenn ihre Obertypen parametrisiert sind:

- Einer Variablen eines gegebenen Typs kann ein Wert jedes Untertyps dieses Typs zugewiesen werden.
- Eine Methode mit einem Parameter eines gegebenen Typs kann mit einem Argument jedes Untertyps dieses Typs aufgerufen werden.

Byte, Short, Integer, Long, Float, Double, BigInteger und BigDecimal sind alle Untertypen der Klasse Number:

```
// Mit dem generischen Typ Number deklarierte Liste
List<Number> nList = new ArrayList<Number>();
nList.add((byte)27);     // Byte (Autoboxing)
nList.add((short)30000); // Short
nList.add(1234567890);   // Integer
nList.add((long)2e62);   // Long
nList.add((float)3.4);   // Float
nList.add(4000.8);       // Double
nList.add(new BigInteger("9223372036854775810"));
nList.add(new BigDecimal("2.1e309"));

// Number-Untertypwerte aus der Liste ausgeben
for( Number n : nList  )
  System.out.println(n);
```

Typparameter, Jokerzeichen und Grenzen

Die einfachste Deklaration einer generischen Klasse mit einem unbegrenzten Typparameter T sieht so so aus:

```
public class GenericClass <T> {...}
```

Auf den/die Typparameter können Grenzen (Constraints) und Jokerzeichen angewendet werden, wie Tabelle 16-1 zeigt.

Tabelle 16-1: Typparameter, Grenzen und Jokerzeichen

Typparameter	Beschreibung
<T>	Unbegrenzter Typ; entspricht <T extends Object>
<T,P>	Unbegrenzte Typen; <T extends Object> und <P extends Object>
<T extends P>	Nach oben begrenzter Typ; ein bestimmter Typ T, der ein Untertyp des Typs P ist
<T extends P & S>	Nach oben begrenzter Typ; ein bestimmter Typ T, der ein Untertyp von P ist und den Typ S implementiert
<T super P >	Nach unten begrenzter Typ; ein bestimmter Typ T, der ein Obertyp von P ist
<?>	Unbegrenzte Jokerzeichen; ein beliebiger Typ, entspricht <? extends Object>
<? extends P>	Begrenztes Jokerzeichen; ein unbekannter Typ, der ein Untertyp von P ist
<? extends P & S>	Begrenztes Jokerzeichen; ein unbekannter Typ, der ein Obertyp des Typs P ist und den Typ S implementiert
<? super P>	Nach unten begrenztes Jokerzeichen; ein unbekannter Typ, der ein Obertyp von P ist

Das Get- und Put-Prinzip

Wie ebenfalls in *Java Generics and Collections* erläutert, illustriert das Get- und Put-Prinzip die sinnvollste Verwendung der Joker extends und super:

* Nutzen Sie extends, wenn Sie nur Werte aus einer Struktur herausholen.

* Nutzen Sie super, wenn Sie nur Werte in eine Struktur hineinstecken.

- Nutzen Sie keine Joker, wenn Sie Werte sowohl in eine Struktur hineinstecken als auch aus ihr herausholen.

Der extends-Joker wurde in der Methodendeklaration der addAll()-Methode der List-Collection verwendet, da diese Methode Werte aus einer Collection *herausholt*:

```
public interface List <E> extends Collection<E>{
  boolean addALL(Collection <? extends E> c)
}

List<Integer> srcList = new ArrayList<Integer>();
srcList.add(0);
srcList.add(1);
srcList.add(2);
// Die addAll()-Methode mit dem extends-Joker nutzen
List<Integer> destList = new ArrayList<Integer>();
destList.addAll(srcList);
```

Der super-Joker wurde in der Methodendeklaration der addAll()-Methode der Klasse Collections verwendet, da sie Werte in eine Collection *hineinsteckt*:

```
public class Collections {
  public static <T> boolean addAll
      (Collection<? super T> c, T... elements){...}
}

// Die addAll()-Methode mit dem super-Joker nutzen
List<Number> sList = new ArrayList<Number>();
sList.add(0);
Collections.addAll(sList, (byte)1, (short)2);
```

Generische Spezialisierung

Ein generischer Typ kann auf verschiedene Weisen erweitert werden.

Gehen wir von der abstrakten Klasse AbstractSet <E> aus:

class SpecialSet<E> extends AbstractSet<E> {…}

Die Klasse SpecialSet erweitert die Klasse AbstractSet mit dem Parametertyp E. Das ist die Weise, auf der Generalisierungen mit Generics üblicherweise deklariert werden.

```
class SpecialSet extends AbstractSet<String> {…}
```
Die Klasse `SpecialSet` erweitert die Klasse `AbstractSet` mit dem parametrisierten Typ `String`.

```
class SpecialSet<E,P> extends AbstractSet<E> {…}
```
Die Klasse `SpecialSet` erweitert die Klasse `AbstractSet` mit dem Parametertyp `E`. Der Typ `P` bezieht sich nur auf die Klasse `SpecialSet`.

```
class SpecialSet<E> extends AbstractSet {…}
```
Die Klasse `SpecialSet` ist eine generische Klasse, die den generischen Typ der Klasse `AbstractSet` parametrisieren würde. Weil der rohe Typ der Klasse `AbstractSet` erweitert wurde (nicht der generische), kann die Parametrisierung nicht erfolgen. Beim Versuch, Methoden aufzurufen, werden Compilerwarnungen generiert.

```
class SpecialSet extends AbstractSet {…}
```
Die Klasse `SpecialSet` erweitert den rohen Typ der Klasse `AbstractSet`. Da die generische Version von `AbstractSet` erwartet wurde, generiert der Compiler Warnungen, wenn versucht wird, Methoden aufzurufen.

Generische Methoden in rohen Typen

Statische Methoden, nicht statische Methoden und Konstruktoren, die Teil einer nicht generischen Klasse (einer Raw-Type-Klasse) sind, können als generisch deklariert werden. Eine Raw-Type-Klasse ist das nicht generische Gegenstück zu einer generischen Klasse.

Bei generischen Methoden nicht generischer Klassen muss dem Rückgabetyp der generische Typparameter (z. B. `<E>`) vorangehen. Es gibt jedoch keine funktionelle Beziehung zwischen dem Typparameter und dem Rückgabetyp, es sei denn, der Rückgabetyp entspricht dem generischen Typ:

```
public class SpecialQueue {
  public static <E> boolean add(E e) {...}
  public static <E> E peek() {...}
}
```

Wird die generische Methode aufgerufen, wird der generische Parameter vor dem Methodennamen angegeben. Hier wird `<String>` als generisches Typargument verwendet:

```
SpecialQueue.<String>add("Weiße Lilien");
```

KAPITEL 17

Die Java Scripting-API

Die Java Scripting-API wurde in Java SE 6 eingeführt und ermöglicht Java-Anwendungen und Skriptsprachen, über eine standardisierte Schnittstelle miteinander zu interagieren. Diese API wird in JSR 223, »Scripting for the Java Platform«, beschrieben und wird vom javax.script-Package gekapselt.

Skriptsprachen

Es gibt eine Reihe von Skriptsprachen, für die es Script-Engine-Implementierungen gibt, die JSR 223-konform sind. Unter Abschnitt »Mit JSR-223 kompatible Skriptsprachen«, Seite 206 in Anhang B finden Sie eine Aufstellung einiger dieser Sprachen.

Script-Engine-Implementierungen

Das ScriptEngine-Interface stellt die grundlegenden Methoden der API bereit. Die Klasse ScriptEngineManager nutzt dieses Interface und ermöglicht Ihnen, die gewünschten Scripting-Engines zur Verwendung vorzubereiten.

Skripten in Java einbetten

Die Scripting-API ermöglicht es, Skripte und/oder Skriptkomponenten in Java-Anwendungen einzubetten.

Das folgende Beispiel stellt Ihnen zwei Verfahren vor, Skriptkomponenten in Java-Anwendungen einzubetten: Beim ersten Verfahren wird die Syntax der Skriptsprache unmittelbar mit der eval-

Methode der Scripting-Engine eingelesen, beim zweiten wird die Syntax von eval aus einer Datei eingelesen.

```
import java.io.FileReader;
import java.nio.file.Path;
import java.nio.file.Paths;
import javax.script.ScriptEngine;
import javax.script.ScriptEngineManager;

public class HelloWorld {
  public static void main(String[] args) throws
      Exception {
    ScriptEngineManager m
        = new ScriptEngineManager();
    // Nashorn JavaScript Engine einrichten.
    ScriptEngine e = m.getEngineByExtension("js");
    // Nashorn JavaScript-Syntax.
    e.eval("print ('Hallo, ')");
    // world.js contents: print('Welt!\n');
    Path p1 = Paths.get("/opt/jpg2/world.js");
    e.eval(new FileReader(p1.toString()));
  }
}

$ Hallo Welt!
```

Methoden von Skriptsprachen aufrufen

Scripting-Engines, die das optionale Interface Invocable implementieren, bieten eine Möglichkeit, Methoden aus der Skriptsprache aufzurufen, die die Engine bereits ausgewertet (interpretiert) hat.

Die folgende Java-basierte invokeFunction()-Methode ruft die ausgewertete Nashorn-Skriptsprachenfunktion greet() auf, die wir erstellt haben:

```
ScriptEngineManager m = new ScriptEngineManager();
ScriptEngine e = m.getEngineByExtension("js");
e.eval("function greet(message)
  + "{" + "println(message)" + "}");
Invocable i = (Invocable) e;
i.invokeFunction("greet", "Grüße vom Mars!");

$ Greetings from Mars!
```

Aus Skripten auf Java-Ressourcen zugreifen

Die Java Scripting-API bietet Einrichtungen für den Zugriff auf und die Steuerung von Java-Ressourcen (Objekten) aus dem ausgewerteten Skriptsprachencode. Dies wird unter anderem dadurch erreicht, dass die Script-Engine Schlüssel/Wert-Bindungen nutzt.

Hier verwendet das ausgewertete Nashorn JavaScript die Bindung nameKey/world und liest im ausgewerteten Skriptsprachencode ein Java-Datenmember ein (und gibt es aus):

```
ScriptEngineManager m = new ScriptEngineManager();
ScriptEngine e = m.getEngineByExtension("js");
String world = "Gliese 581 c";
e.put("nameKey", world);
e.eval("var w = nameKey" );
e.eval("println(w)");

$ Gliese 581 c
```

Der Einsatz von Schlüssel/Wert-Bindungen ermöglicht Ihnen, aus dem ausgewerteten Skriptsprachencode heraus Veränderungen an Java-Datenmembern vorzunehmen:

```
ScriptEngineManager m = new ScriptEngineManager();
ScriptEngine e = m.getEngineByExtension("js");
List<String> worldList = new ArrayList<>();
worldList.add ("Erde");
worldList.add ("Mars");
e.put("nameKey", worldList);
e.eval("var w = nameKey.toArray();");
e.eval(" nameKey.add (\"Gliese 581 c\")");
System.out.println(worldList);

$ [Erde, Gliese 581 c]
```

Skriptsprachen und Scripting-Engines einrichten

Bevor Sie die Scripting-API nutzen können, müssen Sie sich die gewünschten Script-Engine-Implementierungen beschaffen und einrichten. Viele Skriptsprachen-Installationspakete schließen die

JSR-223-Scripting-Engine entweder in einem eigenständigen JAR oder, wie bei JRuby, unmittelbar im Haupt-JAR ein.

Skriptsprachen einrichten

Folgende Schritte müssen Sie unternehmen, um die Skriptsprache einzurichten:

1. Richten Sie die Skriptsprache auf Ihrem System ein. Abschnitt »Mit JSR-223 kompatible Skriptsprachen«, Seite 206 in Anhang B enthält eine Liste von Download-Sites für einige der unterstützten Skriptsprachen. Befolgen Sie die dort zu findenden Installationsanweisungen.

2. Rufen Sie den Interpreter auf, um sicherzugehen, dass er korrekt funktioniert. Üblicherweise gibt es einen Kommandozeileninterpreter und einen mit einer grafischen Benutzeroberfläche.

Bei JRuby (das wir hier als Beispiel verwenden) sollten die folgenden Befehle geprüft werden, um eine funktionsfähige Einrichtung zu gewährleisten:

```
jruby [Datei.rb] //Kommandozeilendatei
jruby.bat //Windows-Batch-Datei
```

Scripting-Engine einrichten

Folgende Schritte müssen Sie gehen, um die Scripting-Engine einzurichten:

1. Prüfen Sie, ob Ihre Skriptspracheninstallation die JSR-223-Scripting-API-Engine enthält. Wenn das der Fall ist, sind die Schritte 2 und 3 nicht erforderlich.

2. Suchen Sie die Scripting-Engine-Datei und laden Sie sie von der externen Ressource (Website) herunter.

3. Speichern Sie die heruntergeladene Datei in einem Verzeichnis und entpacken Sie das Paket, um an die erforderliche JAR-Datei zu gelangen. Beachten Sie, dass üblicherweise das Verzeichnis für optionale Software (*opt*) als Installationsverzeichnis genutzt wird.

Scripting-Engine-Überprüfung

Überprüfen Sie die Einrichtung der Scripting-Engine, indem Sie die Bibliotheken der Skriptsprache und der Scripting-Engine kompilieren und/oder interpretieren. Das Folgende ist eine ältere Version von JRuby, bei der die Engine extern verfügbar war:

```
javac -cp c:\opt\jruby-1.0\lib\jruby.jar;c:\opt\
jruby-engine.jar;. Engines
```

Sie können weitere Tests mit kurzen Programmen vornehmen. Die nächste Anwendung erzeugt eine Liste der verfügbaren Scripting-Engines und gibt Namen, die Sprachversion und die Erweiterungen aus. Beachten Sie, dass hier die aktualisierte Version von JRuby zum Einsatz kommt, bei der die JSR-223-Unterstützung Teil der Haupt-JAR-Datei ist. Deswegen muss diese Engine nicht eigens auf dem Klassenpfad angegeben werden:

```
$ java -cp c:\opt\jruby-1.6.7.2\lib\jruby.jar;.
  EngineReport

import java.util.List;
import javax.script.ScriptEngineManager;
import javax.script.ScriptEngineFactory;

public class EngineReport {
  public static void main(String[] args) {
    ScriptEngineManager m =
        new ScriptEngineManager();
    List<ScriptEngineFactory> s =
        m.getEngineFactories();
    // Die Liste der Factories durchlaufen
    for (ScriptEngineFactory f: s) {
      // Versionsname und -version
      String en = f.getEngineName();
```

```
      String ev = f.getEngineVersion();
      System.out.println("Engine: "
        + en + " " + ev);
      // Sprache und Version
      String ln = f.getLanguageName();
      String lv = f.getLanguageVersion();
      System.out.println("Sprache: "
        + ln + " " + lv);
      // Erweiterungen
      List<String> l = f.getExtensions();
      for (String x: l) {
        System.out.println("Erweiterungen: " + x);
      }
    }
  }
}

$ Engine: Oracle Nashorn 1.8.0
$ Language: ECMAScript ECMA - 262 Edition 5.1
$ Extensions: js

$ Engine: JSR 223 JRuby Engine 1.6.7.2
$ Language: ruby jruby 1.6.7.2
$ Extensions: rb
```

TIPP

Nashorn JavaScript ist eine Scripting-API, die Teil von Java SE und deswegen standardmäßig verfügbar ist. Nashorn ersetzt die Rhino-JavaScript-Scripting-API aus früheren JDK-Versionen.

KAPITEL 18

Date and Time-API

Die Date and Time-API (JSR 310) stellt die Unterstützung für Datum, Uhrzeit und Kalenderberechnungen bereit. Die Referenzimplementierung (RI) für diese JSR, das ThreeTen-Projekt (*http://www.threeten.org/*), wurde für JDK 1.8 zur Verfügung gestellt. Die Date and Time-API wird vom Package java.time und den Subpackages java.time.chrono, java.time.format, java.time.temporal und java.time.zone bereitgestellt.

JSR 310 hat mehrere Entwurfsziele umgesetzt:

- Sprechende API; gut lesbar (beispielsweise hintereinandergeschaltete Methodenaufrufe)
- Thread-sicheres Design; unveränderliche Wertklassen
- Erweiterbare API; Kalendersysteme, Anpassungen und Abfragen
- Verlässliches Verhalten

Die Date and Time-API nutzt das Austauschformat für Datums- und Zeitangaben der *International Organization for Standardization* (ISO 8601). Formell heißt der Standard ISO 8601 »Data elements and interchange formats – Information interchange – Representation of dates and times«. Dieser Standard basiert auf dem gregorianischen Kalender. Auch regionale Kalender werden unterstützt.

Weitere Informationen zu »sprechenden« APIs finden Sie in Anhang A.

Interoperabilität mit älterem Code

JSR 310 tritt an die Stelle von java.util.Date, java.util.Calendar, java.util.DateFormat, java.util.GregorianCalendar, java.util.TimeZone und java.sql.Date. Diese Klassen sind aber trotzdem nicht veraltet. JDK 8 fügt diesen Klassen Methoden hinzu, die eine Umwandlung zwischen diesen Typen und den JSR 310-Typen ermöglichen, um alten Code weiterhin zu unterstützen.

```
// Alt -> Neu -> Alt
Calendar c = Calendar.getInstance();
Instant i =  c.toInstant();
Date d = Date.from(i);

// Neu -> Alt -> Neu
 ZonedDateTime zdt
   = ZonedDateTime.parse("2014-02-24T11:17:00+01:00"
   + "[Europe/Gibraltar]")
GregorianCalendar gc = GregorianCalendar.from(zdt);
LocalDateTime ldt
  = gc.toZonedDateTime().toLocalDateTime();
```

Regionale Kalender

Die Flexibilität von JSR 310 gestattet es, neue Kalender einzufügen. Bei der Implementierung eines neuen Kalenders müssen Klassen unter Rückgriff auf die Interfaces Era, Chronology und ChronoLocalDate implementiert werden.

Die API schließt vier regionale Kalender ein:

- Hijrah
- Japanese Imperial
- Minguo
- Thai Buddhist

Bei regionalen Kalendern werden Sie die zentralen Klassen des ISO-Kalenders nicht nutzen.

ISO-Kalender

Das zentrale java.time-Package der API bietet das ISO 8601-Kalendersystem, das auf den gregorianischen Regeln basiert. Dieses Package und die darauf bezogenen Packages der API bieten eine leicht verwendbare Schnittstelle, wie Sie im folgenden Beispiel sehen können, das den Altersunterschied zwischen zwei Personen ermittelt.

```
public final static String DISNEY_BIRTH_YEAR =
"1901";
public final static String TEMPLE_BIRTH_YEAR =
"1928";
...
Year birthYear1 = Year.parse(DISNEY_BIRTH_YEAR);
Year birthYear2 = Year.parse(TEMPLE_BIRTH_YEAR);
long diff
  = ChronoUnit.YEARS.between(birthYear1,
                            birthYear2);
System.out.println("Der Altersunterschied beträgt "
  + Math.abs(diff) + " Jahre." );

  $ Der Altersunterschied beträgt 27 Jahre.
```

Nachfolgend werden die zentralen Klassen der API aufgeführt. Die Erläuterungen sind aus der Online-API abgeleitet. Die darauffolgenden Abschnitte illustrieren die zentralen Eigenschaften und die Verwendung einiger dieser Klassen.

Instant
> Moment in der Zeit, gemessen ab dem Beginn der Unix-Epoche 1970-01-01T00:00:00Z.

LocalDate
> Unveränderliches Datums-/Uhrzeitobjekt; *t* repräsentiert ein Datum in der Form Jahr-Monat-Tag.

LocalTime
> Unveränderliches Datums-/Uhrzeitobjekt, das eine Uhrzeit repräsentiert, die in der Form Stunde-Minute-Sekunde dargestellt wird.

LocalDateTime

Unveränderliches Datums-/Uhrzeitobjekt, das einen Datums-/Uhrzeitwert repräsentiert, der in der Form Jahr-Monat-Tag-Stunde-Minute-Sekunde dargestellt wird.

OffsetTime

Unveränderliches Datums-/Uhrzeitobjekt, das eine Uhrzeit darstellt, die in der Form Stunde-Minute-Sekunde-Zeitverschiebung dargestellt wird.

OffsetDateTime

Unveränderliche Repräsentierung eines Datums-/Uhrzeitwerts mit einer Zeitverschiebung. Hält alle Datums- und Zeitfelder mit der Genauigkeit von Nanosekunden fest und schließt eine Zeitverschiebung zu UTC ein.

ZonedDateTime

Unveränderliche Repräsentierung eines Datums-/Uhrzeitwerts mit einer Zeitzonenangabe. Hält alle Datums- und Zeitfelder mit der Genauigkeit von Nanosekunden und einer Zeitzonenangabe und einer Zeitzonenverschiebung fest, um mehrdeutige Zeitzonenangabe zu differenzieren.

ZoneOffset

Eine Zeitzonenverschiebung. Der Zeitunterschied zu Greenwich/UTC.

ZonedId

Die Zeitzonenidentifizierung; wird verwendet, um die Umwandlungsregeln zwischen einem Instant und einem LocalDateTime zu ermitteln.

Year

Unveränderliches Datums-/Uhrzeitobjekt, das ein Jahr repräsentiert.

YearMonth

Unveränderliches Datums-/Uhrzeitobjekt, das eine Kombination aus einem Jahr und einem Monat repräsentiert.

MonthDay
> Unveränderliches Datums-/Uhrzeitobjekt, das die Kombination aus einem Monat und einem Tag repräsentiert.

DayOfWeek
> Enumeration für die Wochentage; Monday, Tuesday, Wednesday, Thursday, Friday, Saturday und Sunday.

Month
> Enumeration für die Monate; January, February, March, April, May, June, July, August, September, October, November und December.

Duration
> Eine zeitbasierte Zeitmenge, die in Sekunden gemessen wird.

Period
> Eine datumsbasierte Zeitmenge.

Clock
> Ein Clock-Objekt bietet Zugriff auf den aktuellen Augenblick einschließlich Datum und Uhrzeit mit Zeitzone. Die Verwendung ist optional.

Maschinelle Darstellung

JSR 310 nutzt für den Standard-ISO 8301-Kalender die Unix-Epoche, die bei 1970-01-01T00:00Z mit null beginnt. Die Zeit ist eine Zahl, die sich auf diesen Zeitpunkt bezieht. Negative Werte bezeichnen Zeitpunkte vor der »Epochenschwelle«.

Eine Instanz der aktuellen Zeit beschaffen Sie sich einfach mit einem Aufruf der Methode Instant.now().

```
Instant i = Instant.now();

System.out.println("Maschine: " + i.toEpochMilli());
$ Maschine: 1392859358793

System.out.println("Mensch: " + i);
$ Mensch: 2014-02-20T01:20:41.402Z
```

Die Klasse Clock bietet Zugriff auf Instant, Date und Time in Bezug auf eine Zeitzone.

```
Clock clock1 = Clock.systemUTC();
Instant i1 = Instant.now(clock1);

ZoneId zid = ZoneId.of("Europe/Vienna");
Clock clock2 = Clock.system(zid);
Instant i2 = Instant.now(clock2);
```

Die Date and Time-API nutzt die Time Zone Database (TZDB) (*http://www.iana.org/time-zones*).

Duration und Period

Duration ist eine zeitbasierte Menge, die aus Tagen, Stunden, Minuten, Sekunden und Nanosekunden besteht. Eine Dauer ist die Zeit zwischen zwei Momenten auf der Zeitleiste.

Eine Dauer wird über einen String der Form PnDTnHnMnS angegeben. Dabei steht P für Periode und T für Zeit. D, H, M und S sind Tage, Stunden, Minuten und Sekunden. Der jeweilige Wert (n) geht dem Kennzeichen voran:

```
Duration d1 = Duration.parse("P2DT3H4M1.1S");
```

Eine Dauer kann auch mit der Methode of[Typ] erstellt werden. Stunden, Minuten, Sekunden und Nanosekunden können dem mit ihr verbundenen Wert hinzugefügt bzw. von ihm abgezogen werden:

```
Duration d2 = Duration.of(41, ChronoUnit.YEARS);

Duration d3 = Duration.ofDays(8);
d3 = d3.plusHours(3);
d3 = d3.plusMinutes(30);
d3 = d3.plusSeconds(55).minusNanos(300);
```

Mit der Methode Duration.between() kann eine Duration auf Basis einer Start- und einer Endzeit erstellt werden.

```
Instant birth = Instant.parse("1967-09-15T10:30:00Z");
Instant current = Instant.now();
Duration d4 = Duration.between(birth, current);
System.out.print("Tage verlebt: " + d4.toDays());
```

Period ist ein datumsbasierter Zeitbetrag, der aus Jahren, Monaten und Tagen besteht.

Eine Periode wird als String der Form PnYnMnD angegeben. Dabei steht P für Period, Y, M und D sind Jahre, Monate und Tage, und der Wert (n) geht jeweils dem Kennzeichen voran:

```
Period p1 = Period.parse("P10Y5M2D");
```

Perioden können auch mit der Methode of[Typ] erstellt werden. Dem mit einer Periode verbundenen Wert können Jahre, Monate und Tage hinzugefügt bzw. von ihm abgezogen werden.

```
Period p2 = Period.of(5, 10, 40);
p2 = p2.plusYears(100);
p2 = p2.plusMonths(5).minusDays(30);
```

JDBC und XSD-Mapping

Interoperation zwischen den java.time- und den java.sql-Typen wurde ermöglicht. Tabelle 18-1 bietet eine visuelle Zuordnung der JSR 310-Typen auf die entsprechenden SQL- sowie XML Schema-Typen (XSD-Typen).

Tabelle 18-1: JDBC und XSD-Mapping

JSR 310-Typ	SQL-Typ	XSD-Typ
LocalDate	DATE	xs:time
LocalTime	TIME	xs:time
LocalDateTime	TIMESTAMP WITHOUT TIMEZONE	xs:dateTime
OffsetTime	TIME WITH TIMEZONE	xs:time
OffsetDateTime	TIMESTAMP WITH TIMEZONE	xs:dateTime
Period	INTERVAL	.

Formatierung

Die Klasse DateTimeFormatter bietet Formatierungseinrichtungen für die Ausgabe und das Parsen von Datums-/Uhrzeitobjekten. Das nachfolgende Beispiel zeigt Ihnen, wie Sie die Buchstabenzeichen mit der ofPattern()-Methode der Klasse nutzen. Die möglichen Musterzeichen werden im Javadoc für die DateTimeFormatter-Klasse aufgeführt:

```
LocalDateTime input = LocalDateTime.now();
DateTimeFormatter format
```

```
    = DateTimeFormatter.ofPattern("yyyyMMddhhmmss");
String date = input.format(format);
String logFile = "simple-log-" + date + ".txt";
```

Tabelle 18-2 enthält Beispiele für die vordefinierten Formatierer, die die Ausgabe zeigt, die Anweisungen folgender Struktur erzeugen:

```
System.out.print(LocalDateTime.now()
    .format(DateTimeFormatter.BASIC_ISO_DATE));
```

Tabelle 18-2: Vordefinierte Formatierer

Klasse	Formatierer	Beispiel
LocalDateTime	BASIC_ISO_DATE	20140215
LocalDateTime	ISO_LOCAL_DATE	2014-02-15
OffsetDateTime	ISO_OFFSET_DATE	2014-02-15-05:00
LocalDateTime	ISO_DATE	2014-02-15
OffsetDateTime	ISO_DATE	2014-02-15-05:00
LocalDateTime	ISO_LOCAL_TIME	23:39:07.884
OffsetTime	ISO_OFFSET_TIME	23:39:07.888-05:00
LocalDateTime	ISO_TIME	23:39:07.888
OffsetDateTime	ISO_TIME	23:39:07.888-05:00
LocalDateTime	ISO_LOCAL_DATE_TIME	2014-02-15T23:39:07.888
OffsetDateTime	ISO_OFFSET_DATE_TIME	2014-02-15T23:39:07.888-05:00
ZonedDateTime	ISO_ZONED_DATE_TIME	2014-02-15T23:39:07.89-05:00 [America/New_York]
LocalDateTime	ISO_DATE_TIME	2014-02-15T23:39:07.891
ZonedDateTime	ISO_DATE_TIME	2014-02-15T23:39:07.891-05:00 [America/New_York]
LocalDateTime	ISO_ORDINAL_DATE	2014-046
LocalDate	ISO_WEEK_DATE	2014-W07-6
ZonedDateTime	RFC_1123_DATE_TIME	Sat, 15 Feb 2014 23:39:07 -0500

KAPITEL 19

Lambda-Ausdrücke

Lamda-Ausdrücke (λEs), die auch als Closures bezeichnet werden, bieten eine Möglichkeit, anonyme Methoden zu repräsentieren. Das Project Lambda (*http://openjdk.java.net/projects/lambda/*) bildet das Fundament von Lambda-Ausdrücken. λEs ermöglichen die Erstellung und Verwendung von Klassen mit nur einer Methode. Das Fundament der Syntax für diese Methoden ermöglicht es, Modifizierer, den Rückgabetyp und optionale Parameter wegzulassen. Die Spezifikation für λEs wird in JSR 335 (*http://jcp.org/en/jsr/detail?id=335*) beschrieben, die aus sieben Teilen besteht: funktionelle Interfaces, Lambda-Ausdrücke, Methoden- und Konstruktorreferenzen, Poly-Ausdrücke, Typisierung und Evalution, Typinferenz und Default-Methoden. Dieses Kapitel konzentriert sich auf die ersten beiden Teile.

Lambda-Grundlagen

Lambda-Ausdrücke müssen ein funktionelles Interface (FI) haben. Ein FI ist ein Interface, das eine abstrakte und beliebig viele Standardmethoden hat. FIs bieten Zieltypen für Lambda-Ausdrücke und Methodenreferenzen und sollten mit @FunctionalInterface annotiert sein, um anderen Entwicklern und dem Compiler den Zweck klarzumachen.

```
@FunctionalInterface
public interface Comparator<T> {
  // Nur eine abstrakte Methode erlaubt
  int compare(T o1, T o2);
  // Überschreiben erlaubt
```

```
  boolean equals(Object obj);
  // Optionale Standardmethoden erlaubt
}
```

Lambda-Syntax und -Beispiel

Lambda-Ausdrücke umfassen üblicherweise Parameterlisten, einen Rückgabetyp und einen Body.

```
(Parameterliste) -> { Anweisungen; }
```

Beispiele für Lamdba-Ausdrücke sind:

```
() -> 66
(x,y) -> x + y
(Integer x, Integer y) -> x*y
(String s) -> { System.out.println(s); }
```

Die folgende einfache JavaFX-GUI-Anwendung fügt der Titelleiste einen Text hinzu, wenn der Button betätigt wird. Der Code nutzt das funktionelle Interface EventHandler, das nur die abstrakte Methode handle() besitzt.

```
import javafx.application.Application;
import javafx.event.ActionEvent;
import javafx.event.EventHandler;
import javafx.scene.Scene;
import javafx.scene.control.Button;
import javafx.scene.layout.StackPane;
import javafx.stage.Stage;
public class JavaFxApp extends Application {
  @Override
  public void start(Stage stage) {
    Button b = new Button();
    b.setText("Button betätigen");
    // Verwendung einer anonymen inneren Klasse
    b.setOnAction(new EventHandler<ActionEvent>() {
      @Override
      public void handle(ActionEvent event) {
        stage.setTitle("λEs sind klasse!");
      }
    });
    StackPane root = new StackPane();
    root.getChildren().add(b);
    Scene scene = new Scene(root, 200, 50);
    stage.setScene(scene);
    stage.show();
```

```
    }
  public static void main(String[] args) {
    launch();
  }
}
```

Wenn diese anonyme innere Klasse in einen Lambda-Ausdruck verwandelt werden soll, muss der Parametertyp entweder (`Action-Event event`) oder einfach (`event`) sein. Die gewünschte Funktionalität muss von den Anweisungen im Rumpf gestellt werden.

```
// Lambda-Ausdruck
b.setOnAction((ActionEvent event) -> {
  stage.setTitle("λEs sind klasse!");
});
```

TIPP

Moderne IDEs bieten eine Einrichtung, die anonyme innere Klassen in Lambda-Ausdrücke verwandelt.

Ein weiteres Beispiel für einen Lambda-Ausdruck mit dem funktionalen Interface `Comparator` finden Sie in Abschnitt »Das funktionelle Interface Comparator«, Seite 163 .

Methoden- und Konstruktorreferenzen

Eine Methodenreferenz verweist auf eine vorhandene Methode, ohne diese aufzurufen. Typen sind unter anderem Referenzen auf statische Methoden, auf Instanzmethoden eines bestimmten Objekts, auf die super-Methode eines bestimmten Objekts und auf Instanzmethoden eines beliebigen Objekts eines bestimmten Typs. Methodenreferenzen umfassen auch Referenzen auf Klassenkonstruktoren und Array-Konstruktoren.

```
"Ein Text"::length  // Länge des Strings abrufen
String::length // Länge des Strings abrufen
CheckAcct::compareByBalance  // Statische Methodenreferenz
myComparator::compareByName // Instanz eines best. Obj.
super::toString // Super eines best. Obj.
String::compareToIgnoreCase // Instanz eines bel. Obj.
```

```
ArrayList<String>::new  // ArrayList-Konstruktor
Arrays::sort  // Array-Elemente sortieren
```

Funktionelle Interfaces mit bestimmten Aufgaben

Die in Tabelle 19-1 aufgeführten funktionellen Interfaces wurden für bestimmte Aufgaben in Bezug auf die Packages/APIs konzipiert, in denen sie sich befinden. Nicht alle funktionellen Interfaces in der Java SE-API sind annotiert.

Tabelle 19-1: Funktionelle Interfaces mit bestimmtem Zweck

API	Klasse	Methode
AWT	KeyEventDispacter	dispatchKeyEvent (KeyEvent e)
AWT	KeyEventPostProcessor	postProcessKeyEvent (KeyEvent e)
IO	FileFilter	accept(File pathname)
IO	FilenameFilter	accept(File dir, String name)
LANG	Runnable	run ()
NIO	DirectorStream	iterator ()
NIO	PathMatcher	matches (Path path)
TIME	TemporalAdjuster	adjustInto (Temporal temporal)
TIME	TemporalQuery	queryFrom (TemporalAccessor temporal)
UTIL	Comparator	compare (T o1, T o2)
CONC	Callable	call ()
LOG	Filter	isLoggable (LogRecord record)
PREF	PreferenceChangeListener	preferenceChange (Preference ChangeEvent evt)

Funktionelle Interfaces allgemeiner Natur

Das Package java.util.function besteht aus FIs allgemeiner Natur, die primär für die Verwendung von Einrichtungen des JDK gedacht sind. Tabelle 19-2 führt diese erschöpfend auf.

Tabelle 19-2: Funktionelle Interfaces aus dem function-Package

Consumer	accept (T t)
BiConsumer	accept (T t, U u)
ObjDoubleConsumer	accept (T t, double value)
ObjIntConsumer	accept (T t, int value)
ObjLongConsumer	accept (T t, long value)
DoubleConsumer	accept (double value)
IntConsumer	accept (int value)
LongConsumer	accept (long value)
Function	apply (T t)
BiFunction	apply (T t, U u)
DoubleFunction	apply (double value)
IntFunction	apply (int value)
LongFunction	apply (long value)
BinaryOperator	apply (Object, Object)
ToDoubleBiFunction	applyAsDouble (T t, U u)
ToDoubleFunction	applyAsDouble (T value)
IntToDoubleFunction	applyAsDouble (int value)
LongToDoubleFunction	applyAsDouble(long value)
DoubleBinaryOperator	applyAsDouble (double left, double right)
ToIntBiFunction	applyAsInt (T t, U u)
ToIntFunction	applyAsInt (T value)
LongToIntFunction	applyAsInt (long value)
DoubleToIntFunction	applyAsInt(double value)
IntBinaryOperator	applyAsInt (int left, int right)
ToLongBiFunction	applyAsLong (T t, U u)
ToLongFunction	applyAsLong (T value)
DoubleToLongFunction	applyAsLong (double value)
IntToLongFunction	applyAsLong (int value)
LongBinaryOperator	applyAsLong (long left, long right)
BiPredicate	test (T t, U u)
Predicate	test (T t)
DoublePredicate	test (double value)
IntPredicate	test (int value)

Tabelle 19-2: Funktionelle Interfaces aus dem function-Package (Fortsetzung)

Consumer	accept (T t)
LongPredicate	test (long value)
Supplier	get()
BooleanSupplier	getAsBoolean()
DoubleSupplier	getAsDouble()
IntSupplier	getAsInt()
LongSupplier	getAsLong()
UnaryOperator	identity()
DoubleUnaryOperator	identity()
IntUnaryOperator	applyAsInt (int operand)
LongUnaryOperator	applyAsInt (long value)

Ressourcen für Lambda-Ausdrücke

Dieser Abschnitt bietet Links zu Einführungen und allgemein zugänglichen Ressourcen zu Lambda-Ausdrücken.

Tutorials

Umfassende Tutorials bieten Oracle und Maurice Naftalin.

* The Java Tutorials: Lambda Expressions (*http://bit.ly/1oHnAAt*)
* Maurice Naftalins Lambda FAQ: »Your questions answered: all about Lambdas and friends« (*http://www.lambdafaq.org/*)

Gemeinschaftsressourcen

Onlineforen, Mailinglisten und Lehrvideos bieten Unterstützung beim Erlernen und bei der Arbeit mit Lambda-Ausdrücken:

* Lambda-Forum auf CodeRanch: Onlineforum (*http://www.coderanch.com/forums/f-121/JSR*)
* Lambda-Mailingliste: Technische Diskussionen im Zusammenhang mit dem Project Lambda (*http://bit.ly/1e5DpMF*)
* Oracle-Lehrbibliothek auf YouTube (*http://bit.ly/1m3ZHhs*)

Teil III

Anhänge

»Sprechende« APIs

»Sprechende« APIs, oder »sprechende« Interfaces, sind objektorientierte APIs, die API-basierten Code lesbarer und damit leichter verwendbar machen sollen. Das Aneinanderknüpfen von Objekten über Methodenverkettung hilft, das angestrebte Ziel, den Code lesbarer und leichter verwendbar zu machen, zu erreichen. Bei dieser Form bewahren die verketteten Methoden in der Regel den gleichen Typ.

```
// StringBuilder-API
StringBuilder sb = new StringBuilder("Palindrom!");
// Methodenverkettung
sb.delete(9, 10).append("e").reverse();
System.out.println("Wert: " + sb);

$ Wert: emordnilaP
```

Zu den bekannteren sprechenden APIs in Java zählen die Java Object Oriented Querying-API (jOOQ), die jMock-Test-API, die Calculon Android-Test-API, die Apache Camel-Integrationsmuster-API, die Java 8 Date and Time-API (JSR 310) und die Java 9 Money and Currency-API (JSR 354). Sie alle kapseln eine Java Domain Specific Language (DSL).

Eine externe DSL kann über eine »sprechende« API leicht auf eine neue interne Java-DSL abgebildet werden.

Häufig verwendete Methodenpräfixe für die Objektmanipulation in »sprechenden« APIs sind unter anderem at, format, from, get, to und with.

Hier wird zur Illustration die LocalDateTime-Klasse der Date and Time-API verwendet, zunächst ohne, dann mit Methodenverkettung:

```
// Eigenständige statische Methoden
LocalDateTime ldt1 = LocalDateTime.now();
System.out.println(ldt1);

$ 2014-02-26T09:33:25.676

// Statische Methode mit Methodenverkettung
LocalDateTime ldt2 = LocalDateTime.now()
  .withDayOfMonth(1).withYear(1878)
  .plusWeeks(2).minus(3, ChronoUnit.HOURS);
System.out.println(ldt2);

$ 1878-02-15T06:33:25.724
```

ANHANG B

Externe Werkzeuge

Eine große Vielzahl von Open Source-Werkzeugen und kommerziellen Werkzeugen sowie Technologien unterstützt Sie bei der Entwicklung Java-basierter Anwendungen.

Die in dieser Auswahl präsentierten Ressourcen sind gleichermaßen effektiv und beliebt. Vergessen Sie nicht, bei den Open Source-Produkten, die Sie nutzen, zu prüfen, ob die Lizenz Einschränkungen für den Einsatz in kommerziellen Umgebungen beinhaltet.

Entwicklung, Konfiguration und Tests

Ant (*http://bit.ly/16mhLiI*)
> Apache Ant ist ein XML-basiertes Werkzeug für die Erstellung und Verteilung von Java-Anwendungen. Es ähnelt dem bekannten Unix-Werkzeug *make*.

Bloodhound (*http://bit.ly/1i4Qkfw*)
> Apache Bloodhound ist ein webbasiertes Projektmanagement- und Bug-Tracking-System. Es ist Open Source.

Continuum (*http://bit.ly/16mhLPB*)
> Apache Continuum ist ein kontinuierlicher Integrationsserver, der Code in regelmäßigen Intervallen erstellt und testet.

CruiseControl (*http://bit.ly/16mhM6j*)
> CruiseControl ist ein Framework für einen integrierten Build-Prozess.

Enterprise Architect (http://bit.ly/16mhNqN)
Enterprise Architect ist ein kommerzielles Computer Aided Software Engineering-Werkzeug (CASE), das Java-Code auf Basis von UML generiert.

FindBugs (http://bit.ly/16mhMTO)
FindBugs ist ein Programm, das nach Fehlern in Java-Code sucht.

Git (http://bit.ly/16mhOep)
Git ist ein verteiltes Open Source-Versionskontrollsystem.

Gradle (http://bit.ly/1eTp2Xs)
Gradle ist ein Build-System, das Test-, Veröffentlichungs- und Verteilungsunterstützung bietet.

Hudson (http://bit.ly/16mhPii)
Hudson ist ein erweiterbarer Server für die kontinuierliche Integration.

Ivy (https://ant.apache.org/ivy/)
Apache Ivy ist ein transitiver Relation Dependency Manager. Es ist in Apache Ant integriert.

Jalopy (http://bit.ly/16mhRGY)
Jalopy ist ein Quellcodeformatierer für Java, für den es Plug-ins für Eclipse, jEdit, NetBeans und weitere Werkzeuge gibt.

JDocs (http://bit.ly/16mhRXx)
JDocs ist ein Dokumentations-Repository, das Webzugriff auf die Java-API-Dokumentation von Open Source-Bibliotheken bietet.

jClarity (http://www.jclarity.com)
jClarity ist ein Werkzeug für die Leistungsanalyse und -überwachung in Cloud-Umgebungen.

jEdit (http://bit.ly/16mhTi5)
jEdit ist ein Texteditor, der für Programmierer gedacht ist. Über einen Plug-in-Manager steht eine große Auswahl an Plug-ins zur Verfügung.

JavaFX SceneBuilder (http://bit.ly/16mhXOT)
JavaFX Scene Builder ist ein grafisches Layoutwerkzeug für den Entwurf von JavaFX-Anwendungen.

Jenkins (http://bit.ly/XUeClg)
Jenkins CI ist ein Open Source Continuous Integration-Server, der formell unter dem Namen Hudson Labs bekannt ist.

JIRA (http://bit.ly/16mhVGM)
JIRA ist eine kommerzielle Projektverwaltung mit Bug- und Task-Tracker.

JUnit (http://bit.ly/16mhWdY)
JUnit ist ein Framework für Unit-Tests, das die Möglichkeit bietet, wiederholbare Tests zu schreiben und auszuführen.

JMeter (http://bit.ly/16mhUCH)
Apache JMeter ist eine Anwendung, dic Systemverhalten misst, unter anderem die Funktionstüchtigkeit und die Leistung.

Maven (http://bit.ly/16mhV9O)
Apache Maven ist Werkzeug zur Verwaltung von Softwareprojekten. Maven kann Builds, Berichte und Dokumentationen verwalten.

Nemo (http://bit.ly/16mhYm2)
Nemo ist eine Onlineinstanz von Sonar, die für Open Source-Projekte gedacht ist.

PMD (http://bit.ly/16mhY5z)
PMD durchsucht Java-Quellcode auf Bugs, suboptimalen Code und übermäßig komplizierte Ausdrücke.

SonarQube (http://bit.ly/16mhZ9B)
SonarQube ist eine Open Source-Qualitätsverwaltungsplattform.

Subversion (http://bit.ly/16mhZq9)
Apache Subversion ist ein zentralisiertes Versionskontrollsystem, das die Arbeit und die Veränderungen an einem Satz von Dateien festhält.

Bibliotheken

ActiveMQ (http://bit.ly/16mhZWY)
Apache ActiveMQ ist ein Message-Broker, der viele sprachüber-greifende Clients und Protokolle unterstützt.

BIRT (http://bit.ly/16mi0dz)
BIRT ist ein Eclipse-basiertes Reporting-System, das für Java EE-Anwendungen gedacht ist (Open Source).

Camel (http://bit.ly/1ijRVyI)
Apache Camel ist eine regelbasierte Routing- und Vermittlungs-Engine.

Hibernate (http://bit.ly/16mi2Ck)
Hibernate ist ein objektrelationaler Persistenz- und Abfrage-dienst und ermöglicht die Entwicklung persistenter Klassen.

iText (http://bit.ly/16mi3Gp)
iText ist eine Java-Bibliothek, die die Erstellung und Manipula-tion von PDF-Dokumenten ermöglicht.

Jakarta Commons (http://bit.ly/16mi4tM)
Jakarta Commons ist ein Repository wiederverwendbarer Java-Komponenten.

Jackrabbit (http://bit.ly/16mi4da)
Apache Jackrabbit ist ein Content-Repository-System, das eine hierarchische Content-Speicherung und -Verwaltung bietet.

JasperReports (http://bit.ly/16mi6Sy)
JasperReports ist eine Java-Reporting-Engine (Open Source).

Jasypt (http://bit.ly/16mi796)
Jasypt ist eine Java-Bibliothek, die es Entwicklern ermöglicht, elementare Verschlüsselungseinrichtungen zu integrieren.

JFreeChart (http://bit.ly/16mi5hq)
JFreeChart ist eine Java-Klassenbibliothek für die Erstellung von Diagrammen.

JFXtras2 (http://bit.ly/16mi5Oy)
JFXtras2 bietet Benutzerschnittstellenelemente und Add-ons für JavaFX 2.0.

JGoodies (http://bit.ly/16mi90J)
JGoodies bietet Komponenten und Lösungen für häufig auftretende Probleme bei der Erstellung von Benutzerschnittstellen.

JIDE (http://bit.ly/16mi5Oh)
JIDE-Software bietet diverse Java- und Swing-Komponenten.

JMonkeyEngine (http://bit.ly/16mi9xy)
JMonkeyEngine ist eine Collection von Bibliotheken, die eine Java 3D-Game-Engine (OpenGL) bilden.

JOGL (https://jogamp.org/jogl/www/)
JOGL ist eine Java-API, die die OpenGL- und ES-Spezifikationen umsetzt.

jOOQ (http://www.jooq.org/)
jOOQ ist eine »sprechende« API für den typsicheren Aufbau und die Ausführung von SQL-Abfragen.

opencsv (http://opencsv.sourceforge.net/)
opencsv ist ein Java-Bibliothek zum Parsen von CSV-Dateien.

POI (http://bit.ly/LBob50)
Apache Poor Obfuscation Implementation (POI) ist eine Bibliothek zum Lesen und Schreiben von Microsoft Office-Formaten.

RXTX (http://bit.ly/16mid0f)
RXTX bietet native serielle und parallele Kommunikation für Java.

Spring Framework (http://bit.ly/16midgS)
Das Spring Framework ist ein schichtbasiertes Java/Java EE-Application-Framework.

Integrierte Entwicklungsumgebungen

BlueJ (http://bit.ly/16migJu)
BlueJ ist eine IDE, die für die Lehre konzipiert wurde.

Eclipse IDE (http://bit.ly/16mih05)
Die Eclipse-IDE ist eine Open Source-IDE zur Erstellung von Desktop-, Mobil- und Webanwendungen.

Greenfoot (http://bit.ly/1ef1kIv)
Greenfoot ist eine einfache IDE, die konzipiert wurde, um mit Java die objektorientierte Programmierung zu erlernen.

IntelliJ IDEA (http://bit.ly/16miel3)
IntelliJ IDEA ist eine kommerzielle IDE zur Erstellung von Desktop-, Mobil- und Webanwendungen.

JBuilder (http://bit.ly/16mihxd)
JBuilder ist eine kommerzielle IDE zur Erstellung von Desktop-, Mobil- und Webanwendungen.

JCreator (http://bit.ly/16mihNJ)
JCreator ist eine kommerzielle IDE zur Erstellung von Desktop-, Mobil- und Webanwendungen.

JDeveloper (http://bit.ly/15XCBkv)
JDeveloper ist Oracles IDE zur Erstellung von Desktop-, Mobil- und Webanwendungen.

NetBeans IDE (http://bit.ly/16miikG)
NetBeans ist Oracles Open Source-IDE zur Erstellung von Desktop-, Mobil- und Webanwendungen.

Webanwendungsplattformen

Geronimo (http://bit.ly/16miiBc)
Apache Geronimo ist ein Java EE-Server, der für Anwendungen, Portale und Webservices genutzt wird.

Glassfish (http://bit.ly/16migcz)
Glassfish ist ein Java EE-Server (Open Source), der für Anwendungen, Portale und Webservices genutzt wird.

IBM WebSphere (http://ibm.co/16mij8l)

IBM WebSphere ist ein kommerzieller Java EE-Server, der für Anwendungen, Portale und Webservices genutzt wird.

JavaServer Faces (https://jcp.org/en/jsr/detail?id=314)

Die JavaServer Faces-Technologie vereinfacht den Aufbau von Benutzerschnittstellen für Java-Serveranwendungen. JSF-Implementierungen und -Komponenten sind unter anderem Apache MyFaces, ICEFaces, RichFaces und Primefaces.

Jetty (http://bit.ly/16miksP)

Jetty ist ein Webcontainer für Java Servlets und JavaServer Pages.

Oracle WebLogic-Application-Server (http://bit.ly/16mikZM)

Oracles WebLogic-Application-Server ist ein kommerzieller Java EE-Server, der für Anwendungen, Portale und Webservices genutzt wird.

Resin (http://bit.ly/16milgv)

Resin ist ein für die Cloud optimierter Hochleistungs-Java-Application-Server.

ServiceMix (http://bit.ly/16mioc4)

Apache ServiceMix ist ein Enterprise-Service-Bus, der die Funktionalität einer serviceorientierten Architektur und einer eventorientierten Architektur auf Basis der Java Business Integration-Spezifikation kombiniert.

Sling (http://bit.ly/16mioZF)

Sling ist ein Webanwendungs-Framework, das die Representational State Transfer-Software-Architektur (REST) nutzt.

Struts (http://bit.ly/16mipwx)

Apache Struts ist ein Framework zur Erstellung von Enterprisetauglichen Java-Webanwendungen, die eine Model-View-Controller-Architektur nutzen.

Tapestry (http://bit.ly/16miq3x)

Apache Tapestry ist ein Framework zur Erstellung von Webanwendungen, das auf der Java Servlet-API basiert.

Tomcat (http://bit.ly/16misIJ)
Apache Tomcat ist ein Webcontainer für Java Servlets und JavaServer Pages.

TomEE (http://tomee.apache.org/)
Apache TomEE ist reiner Apache Java EE 6 Web Profile-zertifizierter Application-Stack.

WildFly (http://www.wildfly.org/)
WildFly, das früher unter dem Namen JBoss-Application-Server bekannt war, ist ein Open Source-Java EE-Server, der für Anwendungen, Portale und Webservices genutzt wird.

Mit JSR-223 kompatible Skriptsprachen

BeanShell (http://bit.ly/16mitfM)
BeanShell ist einbettungsfähiger Java-Quellcode-Interpreter mit objektbasierten Skriptspracheneinrichtungen.

Clojure (http://bit.ly/16miwIo)
Clojure ist eine dynamische Programmiersprache für die Java Virtual Machine, die Common Language Runtime und für JavaScript-Engines.

FreeMarker (http://bit.ly/16miwZa)
FreeMarker ist eine Java-basierte, allgemein einsetzbare Template-Engine.

Groovy (http://bit.ly/16mivo0)
Groovy ist eine Skriptsprache mit vielen Python-, Ruby- und Smalltalk-Einrichtungen in einer Java-artigen Syntax.

Jacl (http://bit.ly/16miws2)
Jacl ist eine reine Java-Implementierung der Skriptsprache Tcl.

JEP (http://bit.ly/16mixMz)
Java Math Expression Parser (JEP) ist eine Java-Bibliothek zum Parsen und Auswerten mathematischer Ausdrücke.

Jawk (http://bit.ly/16miz7h)
Jawk ist eine Java-Implementierung der Skriptsprache AWK.

Jelly (http://bit.ly/16miD6O)

Jelly ist ein Scripting-Werkzeug, das genutzt wird, um XML in ausführbaren Code umzuwandeln.

JRuby (http://bit.ly/16miEHY)

JRuby ist eine reine Java-Implementierung der Programmiersprache Ruby.

Jython (http://bit.ly/16miG2B)

Jython ist eine reine Java-Implementierung der Programmiersprache Python.

Nashorn (http://bit.ly/1komFPD)

Nashorn ist eine JavaScript-Implementierung. Es ist die *einzige* Skriptsprache, deren Scripting-Engine standardmäßig Teil der Java Scripting-API ist.

Scala (http://bit.ly/16miGQf)

Scala ist eine allgemeine Programmiersprache, die für die kompakte, elegante und typsichere Formulierung allgemeiner Programmiermuster konzipiert wurde.

Sleep (http://bit.ly/16miIY9)

Sleep basiert auf Perl und ist eine einbettungsfähige Skriptsprache für die Java-Anwendung.

Velocity (http://bit.ly/16miKzh)

Apache Velocity ist eine Java-basierte allgemeine Template-Engine.

Visage (http://code.google.com/p/visage/)

Visage ist eine Domain Specific Language (DSL), die explizit für den Entwurf von Benutzerschnittstellen konzipiert wurde.

UML-Grundlagen

Unified Modeling Language (UML) ist eine Sprache zur Definition von Objektmodellen, die eine grafische Notation nutzt, um ein abstraktes Modell eines Systems aufzubauen. DieObject Management Group (*http://bit.ly/16miJLR*) lenkt UML. Diese Modellierungssprache kann auf Java-Programme angewandt werden, um eine grafische Darstellung von Dingen wie Klassenbeziehungen und Ablaufdiagrammen zu erhalten. Die neueste Spezifikation für UML finden Sie auf der OMG-Website (*http://bit.ly/16miLmZ*). Ein informatives Buch zu UML ist *UML Distilled*, 3. Auflage, von Martin Fowler (Addison-Wesley).

Klassendiagramme

Ein Klassendiagramm repräsentiert die statische Struktur eines Systems, zeigt Informationen zu Klassen und die Beziehungen zwischen ihnen an. Ein einzelnes Klassendiagramm hat drei Abteilungen: Name, Attribute (optional) und Operationen (optional). Sehen Sie sich dazu Abbildung C-1 und das Beispiel, das darauf folgt, einmal an.

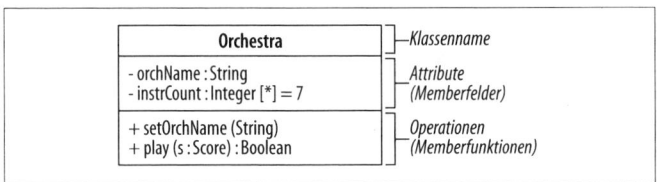

Abbildung C-1: Klassendiagramm

```
// Korrespondierender Code
class Orchestra { // Klassenname
  // Attribute
  private String orch Name;
  private Integer instrCount = 7;
  // Operationen
  public void setOrchName(String name) {...}
  public Boolean play(Score s) {...}
}
```

Name

Der Namensbereich ist erforderlich und enthält den Klassen- oder Interface-Namen in fetter Schrift.

Attribute

Der Attributsbereich ist optional und enthält die Membervariablen, die den Zustand des Objekts repräsentieren. Die vollständige UML-Form sieht folgendermaßen aus:

```
Sichtbarkeit Name : Typ [Multiplizität] = Vorgabewert
{Eigenschaftsstring}
```

Üblicherweise werden nur Attributname und -typ angegeben.

Operationen

Der Operationsbereich ist optional und enthält die Memberfunktionen, die das Verhalten des Systems repräsentieren. Die vollständige UML-Form für Operationen sieht folgendermaßen aus:

```
Sichtbarkeit Name (Parameterliste) :
Rückgabetypausdruck
{Eigenschaftsstring}
```

Üblicherweise werden nur der Operationsname und die Parameterliste angegeben.

TIPP

{Eigenschaftsstring} kann eine aus einer Reihe von Eigenschaften wie {ordered} oder {read-only} sein.

Sichtbarkeit

Sichtbarkeitsidentikatoren (Präfixsymbole) können optional für Zugriffsmodifizierer definiert werden. Die Identikatoren können auf die Membervariablen und Memberfunktionen eines Klassendiagramms angewandt werden (siehe Tabelle C-1).

Tabelle C-1: Sichtbarkeitsidentikatoren

Sichtbarkeitsidentikator	Zugriffsmodifizierer
~	*Package-privat*
#	protected
-	private

Objektdiagramme

Objektdiagramme unterscheiden sich von Klassendiagrammen darin, dass der Text im Namensbereich bei Objekten unterstrichen wird. Der Text kann auf drei unterschiedliche Weisen dargestellt werden (siehe Tabelle C-2).

Tabelle C-2: Objektnamen

: Klassenname	nur der Klassenname
objektname	nur der Objektname
objektname : Klassenname	Objekt- und Klassenname

Objektdiagramme werden nicht häufig verwendet, können aber nützlich sein, wenn ausführlichere Informationen benötigt werden, wie Abbildung C-2 zeigt.

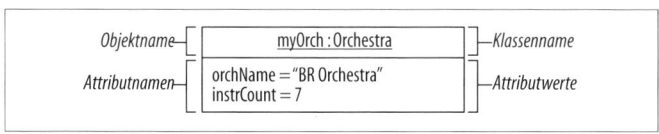

Abbildung C-2: Objektdiagramm

Grafische Symboldarstellung

Grafische Symbole sind die wesentlichen Bausteine in UML-Diagrammen (siehe Abbildung C-3).

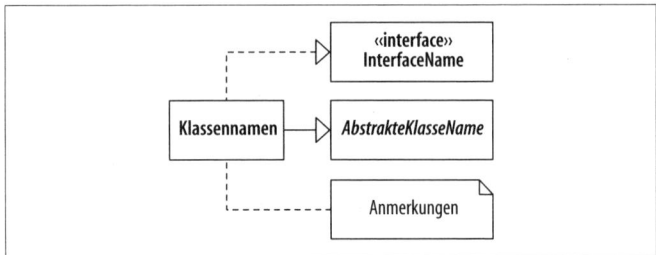

Abbildung C-3: Grafische Symboldarstellung

Klassen, abstrakte Klassen und Interfaces

Klassen, abstrakte Klassen und Interfaces werden alle mit fett gedruckten Namen in einem Rechteck gekennzeichnet. Abstrakte Klassen werden zusätzlich kursiv dargestellt. Interfaces wird das Wort *interface* in Guillemet-Zeichen vorangestellt. Guillemets beherbergen Stereotypen und im Fall von Interfaces einen Klassifizierer.

Anmerkungen

Anmerkungen sind Kommentare in einem Rechteck mit einem Eselsohr. Sie können eigenständig erscheinen oder über gestrichelte Linien miteinander verbunden werden.

Packages

Ein Package wird durch ein Icon repräsentiert, das einem Dateiordner ähnelt. Der Package-Name befindet sich im größeren Bereich, es sei denn, dieser wird von anderen grafischen Elementen (z. B. Klassensymbolen) belegt. Dann befindet sich der Package-Name im kleineren Bereich. Eine offene Pfeilspitze mit einer gestrichelten Linie zeigt Package-Abhängigkeiten.

Der Pfeil weist immer auf das Package, das erforderlich ist, um die Abhängigkeit zu erfüllen. Package-Diagramme werden in Abbildung C-4 gezeigt.

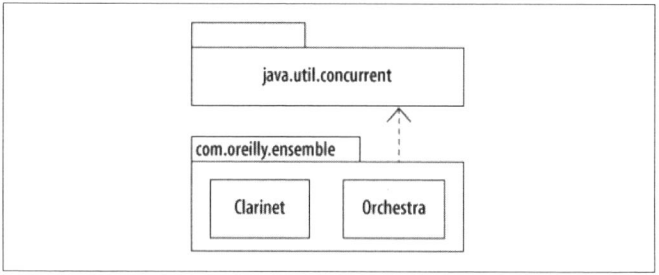

Abbildung C-4: Package-Diagramme

Konnektoren

Konnektoren sind die grafischen Elemente, die Verbindungen zwischen Klassen zeigen. Konnektoren werden in Abschnitt »Klassenbeziehungen«, Seite 214 erläutert.

Multiplizitätsindikatoren

Multiplizitätsindikatoren zeigen an, wie viele Objekte an einer Verbindung teilhaben (siehe Tabelle C-3). Diese Indikatoren werden üblicherweise neben einem Konnektor angegeben und können auch als Teil einer Membervariablen im Attributbereich verwendet werden.

Tabelle C-3: Multiplizitätsindikatoren

Indikator	Definition
*	Null oder mehr Objekte
0..*	Null oder mehr Objekte
0..1	Optional (null oder ein Objekt)
0..n	Null bis n Objekte, wobei $n > 1$
1	Genau ein Objekt
1..*	Ein oder mehr Objekte

Tabelle C-3: Multiplizitätsindikatoren (Fortsetzung)

Indikator	Definition
1..n	Ein oder n Objekte, wobei $n > 1$
m..n	Angegebener Bereich von Objekten
n	Genau n Objekte, wobei $n > 1$

Rollennamen

Rollennamen werden verwendet, wenn die Beziehungen zwischen Klassen genauer angegeben werden müssen. Rollennamen treten häufig in Verbindung mit Multiplizitätsindikatoren auf. Abbildung C-5 zeigt Orchestra, das einen oder mehrere Scores *spielt*.

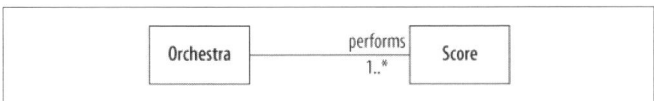

Abbildung C-5: Rollennamen

Klassenbeziehungen

Klassenbeziehungen werden durch Konnektoren und Klassendiagramme dargestellt (siehe Abbildung C-6). Bei der Darstellung von Beziehungen können auch grafische Symbole, Multiplizitätsindikatoren und Rollennamen verwendet werden.

Assoziationen

Eine Assoziation ist eine Beziehung zwischen Klassen, die bidirektional angegeben werden kann. Klassenattribute und Multiplizitäten können am Zielende (an den Zielenden) eingefügt werden.

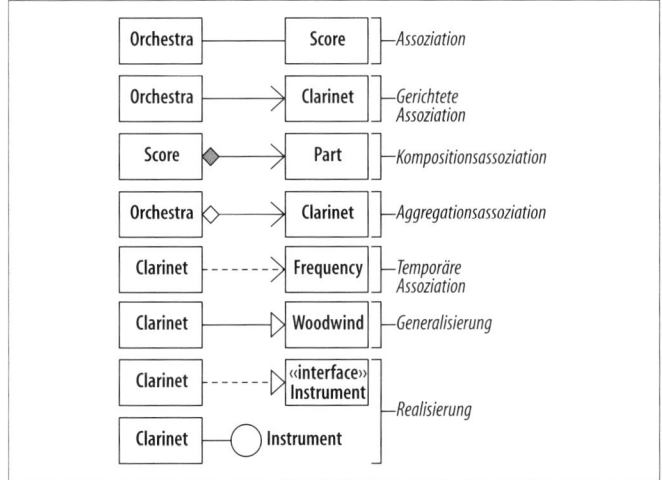

Abbildung C-6: Klassenbeziehungen

Direkte Assoziation

Die direkte Assoziation, die man auch als Navigierbarkeit bezeichnet, ist eine Beziehung, die die Ausgangsklasse zur Zielklasse führt. Diese Beziehung kann als »Orchester hat Klarinette« gelesen werden. Am Zielende können Klassenattribute und Multiplizitäten angegeben werden. Navigierbarkeit zwischen Klassen kann bidirektional sein.

Komposition

Eine Komposition, die auch als *Umschließung* bezeichnet wird, modelliert eine Ganzes/Teil-Beziehung, bei der das Ganze die Lebensdauer der Teile bestimmt. Die Teile können nur als Komponenten des Ganzen bestehen. Das ist eine stärkere Form der Assoziation als die Komposition. Man könnte das als »Partitur besteht aus einem oder mehreren Teilen« lesen.

Aggregation

Eine Aggregation modelliert eine Ganzes/Teil-Beziehung, bei der die Teile unabhängig vom Ganzen bestehen können. Das Ganze bestimmt das Bestehen der Teile nicht. Im Hinblick auf die vorangehende Abbildung: Das Orchester ist das Ganze, und die Klarinette ist Teil des Orchesters.

Temporäre Assoziation

Eine temporäre Assoziation, auch unter dem Namen *Abhängigkeit* bekannt, tritt ein, wenn eine Klasse das Vorhandensein einer anderen erfordert. Sie begegnet einem auch in Fällen, bei denen ein Objekt als lokale Variable, als Rückgabewert oder als Argument für eine Memberfunktion verwendet wird. Wird einer Methode der Klasse Clarinet die Frequenz eines Tons übergeben, könnte man sagen, dass die Klasse Clarinet von der Klasse Frequency abhängig ist. Auf Deutsch : »Klarinette nutzt eine Frequenz.«

Generalisierung

Generalisierung tritt ein, wenn eine spezialisierte Klasse Elemente von einer allgemeineren Klasse erbt. In Java kennt man das unter dem Namen Vererbung. Zum Beispiel: Clarinet erweitert Woodwind, oder »eine Klarinette ist ein Holzblasinstrument«.

Realisierung

Realisierung modelliert eine Klasse, die ein Interface implementiert, beispielsweise implementiert die Klasse Clarinet das Interface Instrument.

Ablaufdiagramme

UML-Ablaufdiagramme werden eingesetzt, um die dynamische Interaktion zwischen Objekten zu illustrieren (siehe Abbildung C-7). Die Zusammenarbeit beginnt oben im Diagramm und arbeitet sich nach unten vor.

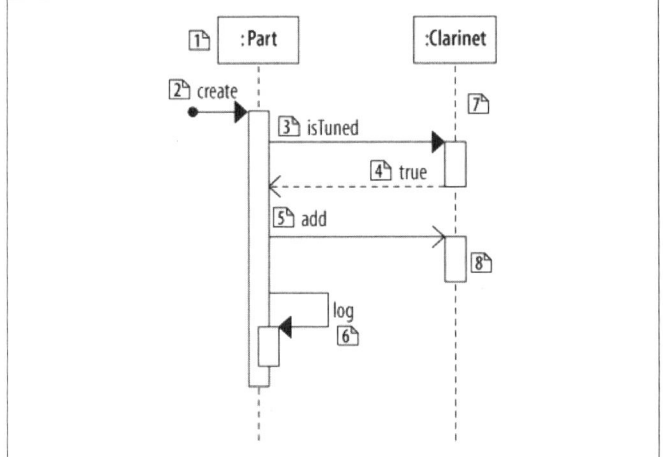

Abbildung C-7: Ablaufdiagramme

Teilnehmer (1)

Die Teilnehmer sind die beteiligten Objekte.

Gefundene Nachrichten (2)

Eine gefundene Nachricht ist eine, in der der Sender im Diagramm nicht repräsentiert wird. Das bedeutet, dass der Sender nicht bekannt ist oder im jeweiligen Diagramm nicht angezeigt werden muss.

Synchrone Nachrichten (3)

Eine synchrone Nachricht wird genutzt, wenn der Sender wartet, bis der Empfänger die Verarbeitung der Nachricht abgeschlossen hat.

Rückgabeaufruf (4)

Der Rückgabeaufruf kann optional den Rückgabewert anzeigen und wird in Ablaufdiagrammen üblicherweise weggelassen.

Asynchrone Nachrichten (5)

Eine asynchrone Nachricht wird verwendet, wenn der Sender nicht darauf wartet, dass der Empfänger die Verarbeitung der Nachricht abgeschlossen hat.

Interne Nachrichten (6)

Eine interne Nachricht oder ein *Selbstaufruf* ist eine Nachricht, die innerhalb des Objekts bleibt.

Lebenslinie (7)

Lebenslinien sind jeweils mit einem Objekt verbunden und verlaufen senkrecht. Sie sind zeitbezogen und werden von oben nach unten gelesen. Das erste Ereignis steht am Anfang der Seite.

Aktivierungsleiste (8)

Die Aktivierungsleiste wird auf der Lebenslinie oder einer anderen Aktivierungsleiste dargestellt. Diese Leiste wird angezeigt, wenn der Teilnehmer (das Objekt) im Vorgang aktiv ist.

Index

Symbole

!=-Operator 49
$ (Dollar-Zeichen) 25
@-Symbol (Annotation) 68
@FunctionalInterface-Annotation 69
@Override-Annotation 68
< > (spitze Klammern) 212
−0.0-Element 35
« » (Guillemets) 26
( ) (Klammern) 25
.-Operator (Punkt) 57
; (Semikolon) 71
==-Operator 49
[ ] (eckige Klammern) 25
_ (Unterstrichzeichen) 25
{ } (geschweifte Klammern) 25

A

Abhängigkeit von Klassen 216
Ablaufdiagramme (UML) 216
    Aktivierungsleiste 218
    asynchrone Nachrichten 218
    gefundene Nachrichten 217
    interne Nachrichten 218
    Lebenslinie 218
    Rückgabeaufruf 218
    synchrone Nachrichten 217
    Teilnehmer 217
abstrakte Klassen 63, 97
abstrakte Methoden 63
affine Objekte 108
Aggregation von Klassen 216

Akronyme, Namenskonventionen für 20
Aktivierungsleiste (UML) 218
Algorithmen optimieren 162
alter Code
    Date and Time-API und 182
    JSR 310 und 182
American Standard Code for Information Interchange (ASCII) 21
Änderungsmethoden 55
Anmerkungen in UML 212
Annotationen
    benutzerdefinierte 68
    eingebaute 67
    Namenskonventionen für 20
    Typen von 67
annotierte funktionelle Interfaces 192
Anweisungen 71
    assert 78
    Ausdruck 71
    Bedingungen 72
    Blöcke 72
    Iteration 74
    Kontrollflussübergabe 76
    leere 72
    synchronized 78
Apache Camel-API 197
Argumentlisten 61
arithmetische Operatoren 26
Arrays, Vorgabewerte bei 45

ASCII 21
    druckbare Zeichen 22
    nicht druckbare Zeichen 22
Assoziationen von Klassen 214
asynchrone Nachrichten (UML)
    218
Ausdrucksanweisungen 71
ausgelöste Exceptions 86
    try/catch/finally-Blocks 86
Autoboxing 40
AutoClosable-Interface 90
automatische Umwandlung 72

B

Basisbibliotheken (Java) 103
Bedingungsanweisungen 72
    if-Anweisung 72
    if-else-Anweisung 73
    if-else-if-Anweisungen 73
    switch-Anweisung 74
Bedingungsoperator 39
benutzerdefinierte Annotationen 68
benutzerdefinierte Exceptions 91
Benutzerschnittstelle
    Bibliotheken 106
    Steuerelemente 107
Bezeichner 25
    Schlüsselwörter und 24
Bibliotheken, externe 202
binäre Daten
    aus Datei lesen 138
    aus Sockets lesen 140
    in Dateien schreiben 139
    in Sockets schreiben 141
binäre numerische Hochstufung
    38
Binärliterale 29
Bit-Operatoren 26
Blöcke 72
Boolean-Typ 72
Boolesche Literale 28, 34
break-Anweisung 76
break-Statement 74
BufferedInputStream 138, 140

BufferedOutputStream 139
BufferedReader 137, 140
byte-Typ 34, 74
    switch-Anweisungen und 74

C

Calculon Android-API 197
Canvas-Klassen 107
catch-Block 82
Certificate Revocation Lists
    (CRLs) 110
char-Typ 34
    switch-Anweisungen und 74
Character-Typ 74
Character.isJavaIdentifier-
    Start(int) 25
Checked-Exceptions 82
ClassCastException 47
Classpath-Argument 123
clone()-Methode 52
CMS-Collector 127
Collection-Interface 159
    Implementierungen von 160
    Methoden 160
Collection.parallelStream() 161
Collection.stream() 161
Collections-Framework 19
Collections-Klasse
    Algorithmen 161
    Comparator-Interface 163
Common Object Request Broker
    Architecture (CORBA) 109
Comparator-Interface 163, 191
Concurrent-Mark-Sweep-Col-
    lector 127
Console-Klasse 136
continue-Anweisung 77
CORBA-Bibliotheken (Java) 109
CRLs *siehe* Certificate Revocation
    Lists

D

DataInputStream 138, 140
DataOutputStream 139

Date and Time-API (JSR 310) 181,
  197
  alter Code und 182
  Duration 186
  Formatierung 187
  ISO-Kalender in 183
  maschinelle Darstellung für
    185
  Period 186
  regionale Kalender in 182
Datei-I/O 137
  binäre Daten lesen aus 138
  binäre Daten schreiben 139
  rohe Zeichendaten lesen aus
    137
  Zeichendaten schreiben in 138
Datenmember 56
  finale 97
  in Klassen 56
  static 97
  statische 64
  transient 97
  zugreifen auf 57
Datenstrukturen optimieren 162
DateTimeFormatter-Klasse 187
Debian 113
default-Anweisung 74
default-Methode 97
Defender-Methode 97
dezimale Ganzzahlen 28
Diffie-Hellman-Schlüssel 110
Digital Signature Algorithm-
  Erzeugung (DSA) 110
direkte Assoziation von Klassen
  215
do-while-Schleife 76
Document Object Model (DOM)
  111
Dokumentation
  Javadoc-Kommentare und 23
  von Kommandozeile erstellen
    122
double-Literale 29
Double-Wrapper-Klasse 36

DSA-Erzeugung 110
Duration 186
Durchsatz-Ziel 125

E
-ea-Schalter 78
Ein-Wert-Annotation 68
einengende Umwandlungen 46
eingebaute Annotationen 67
Einheiten
  Gleitkomma 35
  Operationen mit 36
elementare Typen 33
  Aufstellung 33
  Autoboxing 40
  Bedingungsoperator und 39
  binäre numerische Hoch-
    stufung 38
  im Vergleich mit Referenz-
    typen 43
  Literale für 34
  Referenztypen, Umwandlung
    zwischen 47
  unäre numerische Hochstu-
    fung 38
  Unboxing 41
  Wrapper-Klassen für 39
enableassertions-Schalter 78
Entwicklung 113
  classpath-Argument und 123
  externe Werkzeuge für 199
  Kommandozeilenwerkzeuge
    für 116
  Programmstruktur 114
enum-Klassentyp 66
Enumerationen 66
  Namenskonventionen für 19
  switch-Anweisungen und 74
  vergleichen 51
equals()-Methode (Object) 49
err-Stream (System) 135
Errors 85
erweiternde Umwandlungen 46
Escape-Sequenzen 30

Event Dispatch Thread (EDT) 87
Exception-Handling
    benutzerdefinierte 91
    catch-Klausel mit mehreren
        Exceptions 90
    Schlüsselwörter für 86
    throw-Schlüsselwort 86
    try-mit-Ressourcen-Anweisungen 90
    try/catch-Anweisungen 87
    try/catch/finally-Anweisungen 89
    try/catch/finally-Blöcke 86
    try/finally-Anweisungen 88
    Vorgang 90
Exception-Hierarchie 81
Exceptions 81
    benutzerdefinierte 91
    Checked 82
    Error 83
    Hierarchie von 81
    Logging 92
    Throwable-Klasse und 92
    Unchecked 82
Exekutor-Interface 154
explizite Garbage Collection 132
extends-Schlüsselwort 59

F

Fehler 83
Felder 56
FileReader 137
Files-Klasse 146
Files.newBufferedReader()-Methode 138
FileVisitor-Interface 147
FileWriter 139
final-Klasse 97
final-Schlüsselwort 65
finale Datenmember 97
finalize()-Methode 132
flaches Klonen 52
float-Typ 35
Float-Wrapper-Klasse 36

for-Schleife 74
    verbesserte 75
Fowler, Martin 209
funktionelle Interfaces (FI) 69
    allgemeiner Natur 192
    annotierte 192
    von Lambda-Ausdrücken 189

G

G1-Collector 127
Ganzzahlliterale 28
Garbage Collection 125
    CMS 127
    explizit 132
    finalize()-Methode und 132
    G1 127
    Interaktion mit 132
    Kommandozeilenoptionen für
        128
    parallel 126
    parallel Compacting 126
    seriell 126
Garbage-First-Collector 127
Gefundene Nachrichten (UML)
    217
Generalisierung von Klassen 216
Generics 167
    erweitern 171
    Get- und Put-Prinzip 170
    Grenzen 170
    in Klassen 172
    Interfaces 167
    Jokerzeichen 170
    Klassen 167
    Konstruktoren mit 168
    Substitutionsprinzip 169
    Typparameter 19, 170
Get- und Put-Prinzip 170
getMessage()-Methode (Throwable-Klasse) 92
Gleitkomma
    Einheiten 35
    Literale 29
globales Markieren 127

grafische Symboldarstellung 212
  von Anmerkungen 212
  von Klassen 212
  von Packages 212
gregorianischer Kalender 181
Grenzen 170
Guillemet-Zeichen (« ») 26, 212
GZIP-Dateien, I/O mit 142
GZipInputStream 143
GZipOutputStream 143

H

hashCode()-Methode 49
HashMap()-Methode 49
HashSet()-Methode 49
Heap, Größe ändern 131
Heap/CPU Profiling Tool
  (HPROF) 128
Hexadezimalliteral 28
Hijrah-Kalendersystem 182
HPROF (Heap/CPU Profiling
  Tool) 128

I

I/O 135
  auf Dateien 137
  mit komprimierten Dateien
    142
  Deserialisierung 142
  err-Stream 135
  Files-Klasse 146
  mit GZIP-Dateien 142
  in-Stream 135
  Klassenhierarchie für 136
  ObjectOutputStream 141
  out-Stream 135
  Path-Interface 145
  Serialisierung von Objekten
    141
  Sockets 139
  Streams 135
  mit ZIP-Dateien 142
IDEs 204
if-Anweisung 72

if-else-Anweisung 73
if-else-if-Anweisungen 73
implements-Schlüsselwort 66
in-Stream (System) 135
–Infinity-Element 35
Infinity-Element 35
Initialisierer, statische 65
InputStream 138
Instanzvariablen, Namenskonven-
  tionen für 18
Instanzvariablen, Vorgabewerte
  für 44
int-Typ 34
  switch-Anweisungen und 74
Integer-Typ 74
Integrated Development Environ-
  ments
  Lambda-Ausdrücke und 191
Integrationsbibliotheken (Java) 105
integrierte Entwicklungs-
  umgebungen 204
Interfaces 65
  funktionelle 69
  generische 167
  Namenskonventionen für 17
intern()-Methode (String) 30
interne Nachrichten (UML) 218
Interpreter (Java) 118
InterruptedException 152
Invocable-Interface 176
IOException-Fehler 136
ISO 8601 181
ISO-Kalender 183
Iterationsanweisungen 74
  do-while-Schleife 76
  for-Schleife 74
  verbesserte for-Schleife 75
  while-Schleifen 75

J

Japanese Imperial-Kalendersystem
  182
JAR *siehe* Java Archive-Hilfsprogramm

Java
    Compiler 116
    Generics-Framework für 167
    I/O 135
    Interpreter 118
    Kommandozeilenwerkzeuge 116
    NIO.2-API 145
    Struktur von Programmen bei 114
Java Archive-Hilfsprogramm (JAR) 119
    Dateien ausführen 120
Java Collections-Framework 159
Java Compatibility Kit (JCK) 109
Java Database Connectivity (JDBC) 105, 187
Java Development Kit (JDK) 113
Java Domain Specific Language (DSL) 197
Java Flight Recorder 128
Java Generic Security Service (JGSS) 111
Java Generics und Collections (Naftalin, Wadler) 167
Java HotSpot Virtual Machine 125
Java Mission Control (JMC) 128
Java Naming and Directory Interface (JNDI) 105
Java Object Oriented Querying-API (jOOQ) 197
Java Runtime Environment (JRE) 113
Java Scripting-API 175
    Engine-Implementierungen 175
Java SE 101
    Basisbibliotheken 103
    Benutzerschnittstellenbibliotheken 106
    CORBA-Bibliotheken 109
    Integrationsbibliotheken 105
    JavaFX-Bibliotheken 106

Remote Method Invocation-Bibliotheken (RMI) 109
    Sicherheitsbibliotheken 110
    Sprachbibliotheken 101
    Standardbibliotheken 101
    Unterstützungsbibliotheken 101
    XML-Bibliotheken 111
The Java Tutorial: Lambda Expressions 194
Java Virtual Machine (JVM)
    Garbage Collection und 132
    Quelle für 113
    Thread-Priorität und 151
Java-API für XML Web Services (JAX-WS) 112
java.lang-Package 67
java.lang.AssertionError 78
java.lang.NullPointerException 45
java.lang.Object 43
java.lang.OutOfMemoryError 131
java.lang.Runnable 149
java.lang.Thread 149
java.nio.file.DirectoryStream-FI 148
java.sql 187
java.time-Package 181
    DateTimeFormatter-Klasse 187
    java.sql und 187
java.util.concurrent 154
java.util.function-Package 192
JavaBeans 55
Javadoc 122
    Kommentare 23
JavaFX-Bibliotheken 106
JAX-WS siehe Java-API für XML Web Services
JCK siehe Java Compatibility Kit
JDBC siehe Java Database Connectivity
JDK siehe Java Development Kit
jEdit 114

JGSS *siehe* Java Generic Security Service
JMC *siehe* Java Mission Control
jMock-API 197
JNDI *siehe* Java Naming and Directory Interface
Jokerzeichen 170
jOOQ-API *siehe* Java Object Oriented Querying
JRE *siehe* Java Runtime Environment
JRuby 178
JSR 203 (More New I/O APIs for the Java Platform) 145
JSR 223 175
JSR 308 (Type Annotations Specification) 69
JSR 310 (Date and Time-API) 181
  Methoden, Aufstellung 183
JSR 335 189
JSR 354 (Money and Currency-API) 197
JVisualVM 132

K
Kapselung 55
Klassen 55
  Abhängigkeit von 216
  abstrakte 63
  auf Methoden/Datenmember zugreifen 57
  Beziehungen zwischen 214
  Beziehungen zwischen in UML 214
  Datenmember 56
  generische 167
  generische Methoden in 172
  Hierarchie für I/O 136
  instanziieren 56
  Konstruktoren 59
  Methoden 56
  Methoden überladen 57
  Methoden überschreiben 58
  Namenskonventionen für 17

Oberklassen 59
Operatoren 26
private Daten, Zugriff auf 55
repräsentieren in UML 212
Syntax 56
this-Schlüsselwort 61
Umschließung von 215
Unterklassen 59
Klassendiagramme (UML) 209
  Attributsbereich 210
  Namensbereich 210
  Operationsbereich 210
  Sichtbarkeitsidentikatoren 211
Klonen von Objekten 52
Kommandozeilenwerkzeuge 116
  Compiler 116
  für Garbage Collection 128
  für Speicherverwaltung 128
  JAR 119
  JAR-Dateien ausführen 120
  Java-Interpreter 118
  Javadoc 122
  -X-Optionen 117
Kommentare 23
Komposition von Klassen 215
komprimierte Dateien 142
Konfigurationsverwaltung, externe Werkzeuge für 199
Konnektoren (UML) 213
Konstanten
  Namenskonventionen für 19
  statische 65
Konstruktoren 59
  Lambda-Ausdrücke und 191
  mit Generics 168
Kontrollflussübergabeanweisungen 76
  break 76
  continue 77
  return 78

L
Lambda-Forum auf CodeRanch 194

Lambda-Mailingliste 194
Lambda-Ausdrücke 189
    annotierte funktionelle Inter-
      faces 192
    Gemeinschaftsressourcen für
      194
    Konstruktorreferenzen 191
    Methodenreferenzen 191
    Syntax 190
    Tutorials 194
Lambda-Forum auf CodeRanch
    194
Lambda-Mailingliste 194
Landau-Symbole 163
Lebenslinie (UML) 218
leere Anweisung 72
lexikalische Elemente 21
    ASCII 21
    Bezeichner 25
    Escape-Sequenzen 30
    Kommentare 23
    Literale 27
    Operatoren 26
    Schlüsselwörter 24
    Trennzeichen 25
    Unicode 21
    Währungssymbole in Unicode
      31
Lightweight Directory Access Pro-
    tocol v3 (LDAP) 105
Linux 113
    POSIX-Konformität und 123
List-Interface 159
Literale 27
    Boolesche 28
    für elementare Typen 34
    Gleitkomma 29
    Integer 28
    null 30
    String 29
    Zeichen 28
LocalDateTime 198

Logging von Exceptions 92
lokale Variablen
    Namenskonventionen für 18
    Vorgabewerte für 44
long-Integer 29
long-Typ 35
Low-Latency-Collector 127

M

Mac OS X 113
    POSIX-Konformität und 123
Markierungsannotation 68
Maurice Naftalins Lambda FAQ
    194
Maximales Pausenzeit-Ziel 125
mehrere Exceptions, catch-Klausel
    90
Mehrere-Werte-Annotation 68
Metaspace 132
Methoden 56
    abstrakte 63
    Argumentliste 61
    Lambda-Ausdrücke und 191
    Namenskonventionen für 17
    Präfixe in sprechendes API 197
    Referenztypen übergeben an 47
    Skriptsprachenmethoden auf-
      rufen 176
    statische 64
    überladen 57
    überschreiben 58
    zugreifen auf 57
Microsoft Windows 113
Minquo-Kalendersystem 182
Modifizierer 95
    nicht auf Zugriff bezogene 96
    Zugriff 96
Money and Currency-API (JSR
    354) 197
Multiplizitätsindikatoren (UML)
    213

N

Naftalin, Maurice 167, 194
Namenskonventionen 17
  für Akronyme 20
  für Annotationen 20
  für Enumerationen 19
  für generische Typparameter 19
  für Instanzvariablen 18
  für Interfaces 17
  für Klassen 17
  für Konstanten 19
  für lokale Variablen 18
  für Methoden 17
  für Packages 19
  für Parameter 18
  für statische Variablen 18
Nashorn JavaScript 176, 180
native Methoden 97
Nebenläufigkeit 149
  Collections 155
  Exekutor-Werkzeuge 154
  Methoden für 151
  Synchronisierer 156
  synchronized-Anweisungen und 153
  Timing-Werkzeug 156
newBufferedReader()-Methode (Files) 138
nicht-konvertierbare Typenfehler 47
Nicht-Zugriffsmodifizierer 96
NIO.2 145
  Files-Klasse 146
  Path-Interface 145
Not-a-Number (NaN) 35
Notepad++ 114
notify()-Methode (Object) 152
Nullliterals 30
Number-Klasse 169
numerische Hochstufung 37
  binär 38
  unär 38

O

Oberklassen 59
Object Management Group 209
Object Request Brokers (ORBs) 109
Object-Klasse 152
  equals()-Methode 49
ObjectInputStream-Klasse 142
ObjectOutputStream-Klasse 141
Objektdiagramme (UML) 211
Objekte 55
  auf Methoden/Datenmember zugreifen 57
  Deserialisierung 142
  erstellen 56
  klonen 52
  Konstruktoren 59
  Methoden 56
  Methoden überladen 57
  Methoden überschreiben 58
  Operatoren 26
  Referenzen auf Objekte kopieren 51
  serialisieren 141
  this-Schlüsselwort 61
objektorientierte Programmierung 55
  Annotationstypen 67
  Enumerationen 66
  funktionelle Interfaces 69
  Interfaces 65
  Klassen 55
  Objekte 55
öffentlich zugängliche Packages 19
Oktalliteral 29
Operatoren 26
optionale Software, Verzeichnis 178
Oracle 113, 194
Oracle Certified Professional Java SE Programmer Exam 147
Oracle Java SE Advanced 128
Oracle-Lehrbibliothek auf YouTube 194
out-Stream (System) 135

P

Package-privater Zugriff 96
Package-Zugriff 59
Packages
    Darstellung in UML 212
    Namenskonventionen für 19
Parallel-Compacting-Collector
    126
paralleler Collector 126
Parameter
    Namenskonventionen für 18
    Namenskonventionen für generische Typparameter 19
Path-Interface 145
PathMatcher-Interface 147
Period 186
Permanent Generation-Fehlermeldung (PermGen) 131
printf-Methode als Varargs-Methode 62
println()-Methode 31
printStackTrace()-Methode
    (Throwable-Klasse) 92
PrintWriter 138, 140
private Daten 55
private-Zugriffsmodifizierer 96
Project Lambda 189
protected-Schlüsselwort 59
protected-Zugriffsmodifizierer 96
public-Zugriffsmodifizierer 96
PushbackInputStream-Klasse 138

Q

Queue-Interface 159

R

Realisierung 216
Red Hat 113
Referenztypen 43
    elementare Typen, Umwandlung zwischen 47
    Enumerationen vergleichen 51
    equals()-Methode und 49

im Vergleich mit elementaren Typen 43
    kopieren 51
    Objekte klonen 52
    Objekte kopieren 51
    Strings vergleichen 50
    übergeben an Methoden 47
    Umwandlung von 46
    vergleichen 48
    Vorgabewerte von 44
regionale Kalender 182
Remote Method Invocation-
    Bibliotheken (RMI) 109
Ressourcen, Zugriff auf 177
Retention-Meta-Annotation 68
return-Anweisung 78
Rhino JavaScript 180
RMI-IIOP 109
Rollennamen (UML) 214
RSA-Sicherheitsschnittstellen 110
Rückgabeaufruf (UML) 218
run()-Methode (Thread-Klasse)
    149
Runnable-Interface 149
    implementieren 150
Runtime.getRuntime()-Methode
    132

S

SASL *siehe* Simple Authentication
    and Security Layer
SAX *siehe* Simple API für XML
Scene Graph-API 107
ScheduledThreadPoolExecutor-
    Klasse 154
Schlüsselwörter 24
    für das Exception-Handling 86
ScriptEngine-Interface 175
Scripting
    Methoden aufrufen aus Java
        176
    Script-Engine-Implementierungen 175

Scripting-Engines
  einrichten 178
  Implementierungen 175
  Überprüfung von 179
Secured Sockets Layer (SSL) 109
selbst aufrufen 218
Serialisierung 141
Serializable-Interface 141
serieller Collector 126
Set-Interface 159
short-Typ 34, 74
  switch-Anweisungen und 74
Sicherheitsbibliotheken (Java) 110
Simple API für XML (SAX) 111
Simple Authentication and Security Layer (SASL) 111
Single Abstract Method-Interfaces (SAM-Interfaces) 69
Skripten
  einbetten in Java 175
  Ressourcen, Zugriff auf 177
Skriptsprachen 206
Socket-I/O 139
  binäre Datei schreiben in 141
  binäre Daten lesen aus 140
  Zeichen lesen aus 140
  Zeichendaten schreiben an 140
Solaris 113
  POSIX-Konformität und 123
Speicherverwaltung 125
  Garbage Collection 125
  Heap, Größe ändern 131
  Kommandozeilenoptionen für 128
  Metaspace 132
  Werkzeuge für 127
Sperren von Threads 153
Sprachbibliotheken (Java) 101
sprechende APIs 197
sprechende Interfaces 197
SQL (Structured Query Language) 105
  Date and Time-API und 187
SSL 109

static
  Datenmember 97
  Methoden 97
static-Schlüsselwort 64
statisch
  Datenmember 64
  Initialisierer 65
  Konstanten 65
  Methoden 64
  Variablen, Namenskonventionen für 18
StAX-API *siehe* Streaming-API für XML-API (StAX)
Stream-API 147
Streaming-API für XML-API (StAX-API) 112
Streams 135
strictfp 97
String-Typ 74
StringBuffer-Klasse 51
StringBuilder-Klasse 51
Stringliterale 29
  vergleichen 50
Structured Query Language (SQL) 105
  Date and Time-API und 187
Substitutionsprinzip 169
super-Schlüsselwort 60, 171
Suse 113
switch-Anweisung 74
synchrone Nachrichten (UML) 217
Synchronisierer 156
synchronized-Anweisungen 78
  Nebenläufigkeit und 153
synchronized-Methoden 97
synchronized-Schlüsselwort 153
System.err-Stream 135
System.gc()-Methode 132

T

Teilnehmer (UML) 217
temporäre Assoziation von Klassen 216

Tests, externe Werkzeuge für 199
TextPad 114
Thai Buddhist-Kalendersystem
182
this-Schlüsselwort 61
Thread-Klasse
erweitern 149
Methoden aus 151
state-Enumerator 150
ThreadPoolExecutor-Klasse 154
Threads 149
erstellen 149
Locking 153
Priorität von 151
ThreeTen-Projekt 181
throw-Schlüsselwort 86
Throwable-Klasse 92
throws-Klausel 82
tiefes Klonen 52
Time-Zone Database (TZDB) 186
Timing-Werkzeug 156
toString()-Methode (Throwable-
Klasse) 92
transient-Datenmember 97
Trennzeichen 25
try-mit-Ressourcen-Anweisungen
90
try/catch-Anweisungen 87
try/catch/finally-Anweisungen 89
try/catch/finally-Blocks 86
try/finally-Anweisungen 88
Type Annotations Specification
(JSR 308) 69
Typen 33
Referenz 43
Typparameter 170

U
Überladen von Methoden 57
Überschreiben von Methoden 58
Ubuntu 113
UML (Unified Modeling Langua-
ge) 209
Ablaufdiagramme 216

grafische Symboldarstellung
212
Klassenbeziehungen in 214
Klassendiagramme 209
Konnektoren 213
Multiplizitätsindikatoren 213
Objektdiagramme 211
Realisierung 216
Rollennamen 214
UML Distilled (Fowler) 209
Umschließung von Klassen 215
Umwandlung von Referenztypen
46
einengend 47
erweiternd 46
unäre numerische Hochstufung 38
Unboxing 41
Boolean-Typ 72
Unchecked-Exceptions 82, 84
Unicode 21
Stringliterale 29
Währungssymbole in 31
Unicode 6.2.0 21
Unicode Character Code Chart 22
Unicode Consortium 21
UNIX-Epoche 185
Unterklassen 59
Unterstützungsbibliotheken (Java)
101

V
Varargs 61
verbesserte for-Schleife 75
Vererbung 55
Vergleichsoperatoren 26, 49
Vim 114
volatile-Datenmember 97
Vorgabewerte
Arrays 45
für Instanzvariablen 44
für lokale Variablen 44
von Referenztypen 44
vorzeichenhafte Typen 34
vorzeichenlose Typen 34

W

W3C DOM 112
Wadler, Philip 167
Währungssymbole 31
wait()-Methode (Object) 152
WatchService-Interface 147
Webanwendungsplattformen 204
while-Schleifen 75
Whole-Heap-Operationen 127
Wrapper-Klassen für elementare
    Typen 39

X

-X-Optionen 117
X500 Principal Credentials 111
X500 Private Credentials 111
XML Schema (XSD) 187
    Date and Time-API und 187
XML-Bibliotheken (Java) 111
XSD 187
–XX-Optionen für die Garbage
    Collection 131

Y

YouTube 194

Z

Zeichen
    an Sockets schreiben 140
    aus Dateien lesen 137
    aus Sockets lesen 140
    in Dateien schreiben 138
Zeichenliterale 28
ZIP-Dateien, I/O mit 142
ZipInputStream 142
ZipOutputStream 142
Zugriffsmethoden 55
Zugriffsmodifizierer 96
Zusicherungen 78
Zustände von Threads 150
Zuweisungsoperatoren 26